Nicolai Petrat

Kinder machen gerne Musik

HERDER spektrum

Band 5379

Das Buch

Wo Musik gemacht wird, sind Kinder nicht weit: Klänge zu hören und selbst zu erzeugen ist faszinierend und macht Spaß - egal, ob anfangs mit Kochtopf und Holzlöffel oder später auf der Blockflöte oder einem anderen Instrument: Kinder musizieren gern, und unmusikalische Kinder gibt es nicht. Dass Musik Kindern in vielfacher Hinsicht ausgesprochen gut tut, belegen Langzeitstudien aus den letzten Jahren. Sie machen deutlich: Musik fördert Intelligenz sowie Kreativität und hilft Kindern, sich zu konzentrieren. Sie macht aber auch sozial stark: Wer sich musikalisch ausdrücken kann, hat es im Umgang mit anderen einfacher, ist aufgeschlossener und seelisch stabiler.

Der Autor zeigt, wie Kinder sich musikalisch entwickeln - schon vor der Geburt und erst recht dann, wenn aktives Musikmachen alle Sinne fordert und das Gehirn ganzheitlich anspricht. Er erklärt, was Musikalische Früherziehung bringt und welche Instrumente sich für den Anfang besonders eignen. Was ist bei der Auswahl des Instruments zu beachten; welche Kosten sind zu erwarten und wann sind Kinder alt genug zum Beispiel für die traditionellen Blechblasinstrumente? Neben Informationen zu solchen praktischen Fragen erhalten Eltern aber auch Anregungen dazu, was sie tun können, damit Kinder noch mehr Freude am Musikmachen haben - unabhängig davon, ob sie als Vater oder Mutter selbst ein Instrument spielen. Wie schafft man zu Hause ein musikalisches Umfeld? Wie findet man die Balance zwischen sensibler Lenkung des Kindes und unnötiger Einmischung? Wie direkt soll man das Kind beim Üben kontrollieren? Und wie kann man Kinder neu motivieren, wenn ihnen mal die Lust zum Üben fehlt?

Das umfassende Informationsbuch mit allem, was Eltern wissen müssen, damit der Spaß an der Musik bleibt – und Kindern lebenslang nützt.

Der Autor

Nicolai Petrat ist Professor für Musikdidaktik an der Rostocker Hochschule für Musik und Theater. Das Instrumentalspiel von Kindern bildet einen Schwerpunkt seiner Tätigkeit. Er verfügt über langjährige Erfahrung im Instrumentalunterricht und ist Vater von drei Kindern.

Nicolai Petrat

Kinder machen gerne Musik

Was Eltern wissen sollten

HERDER

FREIBURG · BASEL · WIEN

Gedruckt auf umweltfreundlichem,
chlorfrei gebleichtem Papier
Originalausgabe

www.herder.de
Satz: Rudolf Kempf, Emmendingen
Herstellung: fgb · freiburger graphische betriebe 2003
www.fgb.de
Umschlaggestaltung und Konzeption:
R·M·E München / Roland Eschlbeck, Liana Tuchel
Umschlagmotiv: © Getty Images
ISBN 3-451-05379-9

Inhalt

Vorwort

Musikinstrumente üben auf Kinder eine große Anziehungskraft aus. Das können Sie überall dort beobachten, wo Musik gemacht wird und Kinder sie life miterleben können: In der Fußgängerzone, wenn beispielsweise der Cellospieler sein Stück ohne oder mit Playback-Begleitung eines Kassettenrecorders spielt. Im Kindergarten, wenn die Erzieherin das Singen mit ihrer Gitarre begleitet. Am Tag der offenen Tür in der Musikschule oder bei einer Aufführung in der Grundschule mit dem Klassenorchester, bei der vielleicht sogar die Freundin oder der Freund mitspielen: Wird Musik gemacht, hören und sehen die meisten Kinder hin.

Der besondere Anreiz besteht für Kinder in der Spielaktion; dem Erlebnis von etwas selbst Gemachtem, selbst Produziertem; der Perspektive, mit einem Musikinstrument bekannte Melodien nachspielen zu können. Ob es dabei zuallererst die schönen Töne und Klänge sind, die Musik selbst ist, die spezifischen Spielbewegungen auf einem bestimmten Instrument, das Vibrieren einzelner Töne am eigenen Körper oder nur das Aussehen des Instrumentes, ist für uns Außenstehende auf Anhieb gar nicht immer gleich erkennbar. Jedes Kind saugt bei solchen Erlebnissen auf seine individuelle Weise etwas Musikalisches auf. Niemand weiß über die musikalische Wirkung auf Kinder ganz Genaues. Was sich bei Kindern dabei innerlich abspielt, bekommen wir häufig in seinem vollen Ausmaß gar nicht mit. Kinder behalten dies häufig noch für sich, können das Erlebte nicht in Worte fassen. Aber irgendwann ist ihr Nachahmungsbedürfnis, ihre Neugier, der Wunsch, selbst ein

Musikinstrument zu spielen, so groß, dass auch ihre Eltern es merken. Für Eltern, die selbst kein Musikinstrument spielen, selbst musikalisch nicht besonders aktiv sind, wirkt manche Instrumentenwahl geradezu exotisch oder extravagant, zumindest fremd, da niemand damit gerechnet hatte. Bei mir selbst war es das Cello. Bei meinem ältesten Sohn Johannes das Schlagzeug.

Der Zeitpunkt, zu dem solche Wünsche zutage treten, kann sehr unterschiedlich sein. Es kann schon mit drei Jahren passieren. Bei den meisten Kindern geschieht es zwischen fünf und acht Jahren. Manchmal sieht es so aus, als käme dieser Wunsch aus heiterem Himmel. Aber immer steckt dahinter eine ganz individuelle musikalische Vorgeschichte des Kindes, die Eltern in der Hektik des Familienalltags häufig gar nicht wahrgenommen haben.

Eltern reagieren auf derartige Wünsche ganz unterschiedlich, manchmal extrem: Manche Eltern spielen diesen Wunsch herunter als spontane Idee, mit dem Zusatz „Dafür bis du noch zu klein" oder „Heute ist es dies, morgen das" oder „Das ist ja viel zu teuer". Andere geraten in eine musikalische Aufbruchstimmung. Alles wird in Bewegung gesetzt: Ratschläge aus dem Bekanntenkreis werden eingeholt. Es wird Kontakt mit der Musikschule vor Ort oder gleich direkt mit einem empfohlenen Lehrer gesucht. Ein erster Besuch beim Klavierhändler, Flötenspezialisten oder Geigenbauer wird auch schon einmal erwogen.

In dieser Phase stellen sich Fragen: Ist mein Kind für das Erlernen eines Musikinstrumentes überhaupt geeignet? Ist es musikalisch? Reichen seine körperlichen Voraussetzungen aus? Ist das ausgewählte Instrument für den frühen/späten Beginn geeignet? Welches Einstiegsalter ist für das gewünschte Instrument das richtige? Wie finde ich einen guten Lehrer bzw. eine gute Lehrerin? Woran erkennt man ihn oder sie? Soll mein Kind eher Einzel- oder eher Gruppenunterricht erhalten? Wie kann ich den Lernprozess zu Hause unterstützen, mit wie viel Nachdruck darf ich vorgehen, wenn es um das Üben geht?

Eine Frage löst die andere ab, immer wieder tauchen neue auf. Erst nach und nach wird deutlich, worauf man sich als Eltern einlässt, wenn das Kind tatsächlich selber Musik macht. Mit Chauffeurdiensten zum wöchentlichen Unterricht und der monatlichen Überweisung des Honorars ist es nicht getan. Musikalische Lernprozesse sollten nicht nur dem Musiklehrer überlassen bleiben. Einmal wöchentlich 30 oder 45 Minuten Unterricht beim Musiklehrer und dann zu Hause einfach loszuüben, reicht nicht aus. Auch Eltern sind hier gefragt, selbst wenn sie sich musikalisch gar nicht so sehr auskennen. Gerade am Anfang, wenn die Töne noch nicht gleich so gelingen, wie es die Kinder von der CD oder dem Konzertbesuch kennen, sollten die Bedingungen für einen guten Start optimal sein. Eine wesentliche Frage ist hier beispielsweise, wie viel Lernhilfe und Kontrolle zu Hause von den Eltern sinnvoll ist. Welche Form der Unterstützung ist gerade nach den ersten Unterrichtsstunden besonders wichtig? Wie soll es musikalisch weitergehen, wenn das Kind auch nach mehreren Jahren noch viel Spaß am eigenen Musikmachen hat? Wie geht man mit „Übekrisen" um? Auch sie gehören mehr oder weniger zum Erlernen eines Musikinstrumentes dazu, können zumindest zeitweise den Lernprozess beeinträchtigen. Höchstwahrscheinlich werden Sie als Eltern auch mit dieser Frage irgendwann einmal konfrontiert. Häufig entzünden sich gerade bei der Frage des täglichen Übens heftige Konflikte zwischen Kind und Eltern. Nicht selten kommen dann Druckmittel wie „Fernsehverbot", „Abschaffung des Computers" oder Taschengeldentzug zum Einsatz – letztlich ohne sinnvolles Ergebnis. Das musikalische Potenzial des Kindes wird dabei häufig sogar von unnötigen Streitereien überschattet. Das sollte möglichst gleich von Anfang an verhindert, zumindest eingedämmt werden. Dies ist wesentliches Anliegen des vorliegenden Buches. Selbst Musik zu machen soll Ihrem Kind möglichst lange Spaß bereiten!

Ich möchte Ihnen Perspektiven eröffnen und konkrete Anregungen dazu geben, wie Sie Ihrem Kind zu Hause wirklich helfen können. Um das Thema des aktiven Musikmachens umfassend zu behandeln, sollen in den beiden ersten Kapiteln musikalische Grundsatzfragen beantwortet sowie Hintergrundinformationen zu den ersten Jahren musikalischer Entwicklung gegeben werden. Auf die Angabe wissenschaftlicher Quellen habe ich dabei bewusst verzichtet. Wer wissenschaftliche Querverweise sucht, kann sich an den im Anhang gegebenen Literaturhinweisen orientieren. Beim Schreiben dieses Buches war es mir wichtig, stets die Alltagspraxis im Auge zu behalten. Deshalb beziehe ich mich immer wieder auch auf konkrete Äußerungen von Instrumentalschülern, eigene Beobachtungen aus der Unterrichtspraxis sowie Erfahrungen mit meinen drei Kindern zu Hause. Darüber hinaus soll manche „Quintessenz" am Ende einzelner Kapitel den praktischen Bezug noch einmal ausdrücklich herstellen.

An dieser Stelle möchte ich mich ausdrücklich bei meiner Lektorin Judith Mark vom Verlag Herder für ihre anregende und konstruktive Unterstützung bedanken.

Kinder brauchen Musik

Musikalisch ist doch jeder(?)!

Unmusikalische Menschen gibt es nicht. Diese Erkenntnis wird heute allgemein von Musikpsychologen und Pädagogen vertreten. Sie wird vor allem diejenigen Leser freuen, die aufgrund eigener negativer Erfahrungen mit Zweifeln aufgewachsen sind und in ihrer Kindheit mit dem Etikett „unmusikalisch" abgestempelt wurden. Dabei ist umgekehrt längst nicht jeder, der als musikalisch gilt oder sich selbst für musikalisch hält, in der Lage, sich erfolgreich in den verschiedenen Musikrichtungen zu bewegen. Viele haben Zugang zur so genannten „klassischen Musik", nicht aber zu Jazz oder Rock und umgekehrt. Schon die Tatsache, dass sich jeder aus dem großen Musikangebot „seine" Lieblingsmusik heraussucht und sogar genau weiß, welche Musik ihm in bestimmten Lebenssituationen gut tut, ist ein Anhaltspunkt dafür, dass jeder eine individuell ausprägbare musikalische Wahrnehmungs- und Empfindungsfähigkeit besitzt. Psychologen sprechen hier von einer „musikalischen Disposition", also einer bei jedem Menschen verborgenen musikalischen Fähigkeit.

Inzwischen geht man davon aus, dass Musikalität zu den grundlegenden Persönlichkeitsmerkmalen des Menschen gehört, genauso wie Intelligenz, Charakter, Temperament usw. Völlig unintelligente oder charakterlose Menschen gibt es ebenso wenig wie unmusikalische. Das heißt, bezogen auf die Gesamtbevölkerung sind völlig unmusikalische Menschen ebenso selten anzutreffen wie musikalische Höchstbegabungen oder Genies. Dafür haben Gehirnforscher und Psychologen heute entsprechende Erklärungen: Seitdem die Entwicklung neuer Computer die Hirnforschung weiter vorangetrieben hat, liegen differenzierte hirnphysiologische Erkenntnisse vor, wonach Musik nicht nur in ganz spezifischen Hirnregionen, sondern mehr oder weniger ganzheitlich in mehreren Arealen des Gehirns verarbeitet wird. Musikalität hat generell mit ganzheitlichen Prozessen der Wahrnehmung und Vernetzung von Informationen zu tun; sie ist ein Bündel von unterschiedlichen Fähigkeiten. Im Sinne der so genannten „Umwelthypothese" gibt es aus neurophysiologischer Sicht von Natur aus vorgefertigte, also angeborene Module für die Verarbeitung bestimmter akustischer Reize bzw. musikalischer Phänomene. Entsprechende musikalische Verschaltungen im Gehirn hängen stark von persönlichen Erfahrungen, Empfindungen und Assoziationen ab sowie den äußeren Bedingungen, unter denen Musik gehört wird. Und bei denjenigen, die selbst Musik machen, mischen sich die dabei aktivierten Verschaltungen zusätzlich noch mit so genannten psychomotorischen Erfahrungen. Damit sind die Empfindungen gemeint, die aus der Selbstwahrnehmung resultieren, wenn man sich aktiv mit einem Musikinstrument beschäftigt. Die grundsätzliche Möglichkeit einer dichten Vernetzung musikbezogener Informationen ist als ein entscheidendes Potenzial anzusehen, das ein individuell ganz unterschiedliches Erleben von Musik ermöglicht. Schon die damit verbundene potenzielle Offenheit ist ein Indiz dafür, dass jeder Mensch über eine bestimmte Art von Musikalität verfügt. Aus wahrnehmungspsychologischer Sicht hat Musikalität jedenfalls zu tun mit individuellen Strategien der Verarbeitung und einer spezifischen Erlebnistiefe und Erlebnisfähigkeit, die sich auf ganz verschiedenen musikalischen Gebieten (Produktion, Reproduktion, Interpretation, Transposition, Komposition, Improvisation etc.) auch sehr unterschiedlich auswirken kann. Das jeweilige Gebiet muss nur durch entsprechende Musikangebote und möglichst vielseitige Erfahrungsmöglichkeiten angesprochen und aktiviert werden.

Auch ein Mensch, der glaubt, z.B. nicht singen zu können oder von anderen einfach als unmusikalisch eingeschätzt worden ist, wird auf irgendeinem Gebiet musikalisch sein, wird sich in irgendeiner Weise musikalisch mitreißen lassen. Aus neueren Untersuchungen geht hervor, dass die Unfähigkeit zu singen viele Ursachen haben kann. Sie reichen von zu wenig häuslichen Anregungen bis hin zu Hemmungen. Es kommt also immer auf die Perspektive an, aus der man meint, die musikalische Disposition eines Menschen beurteilen zu können!

Konzentrieren wir uns auf das aktive Musikmachen: Hier geht es nicht nur darum, Noten in Fingersätze und saubere, schön klingende Töne und Melodien umzusetzen. Um wirklich Musik machen zu können, müssen die „richtigen" Bewegungsabläufe am Instrument erlernt, gespürt und im jeweiligen Moment aktiviert werden. Den emotionalen Gehalt einer Melodie muss der Interpret innerlich erfassen und auf das Instrument übertragen. Der Klang muss vorausgehört, mit der inneren Vorstellung verglichen und gegebenenfalls korrigiert, das noch nicht perfekt beherrschte Werk muss entsprechend dem Könnensstand (zunächst) noch mehr oder weniger „improvisiert" werden. Aktives Musikmachen ist ein vielseitiger Prozess, an dem viele Sinne beteiligt sind (Hör- und Sehsinn ebenso wie der Tastsinn) und der ganz unterschiedliche Kompetenzen fordert. Dabei sollten wir uns davor hüten, von vorhandenen bloß technischen Fertigkeiten gleich auf eine generell hohe Musikalität zu schließen. Sie sind lediglich als eine mechanische Leistung anzusehen! Orientiert vor allem an den musikalischen Spitzenleistungen der „Wunderkinder" und Hochbegabten, standen noch vor etwa 30 Jahren technische, fast mechanische Fertigkeiten sowie vor allem isolierte, eher abstrakte akustische Rezeptionsfähigkeiten im Mittelpunkt einiger spezifischer „Musikalitätstests“. Diese Tests sollten sich als eine Möglichkeit erweisen, Leistungen mit entsprechenden Lernergebnissen auf dem Gebiet der Musik objektiv feststellen zu können. Um die Ausprägung der Musikalität exakt angeben zu können, meinte man, anhand spezifischer Aufgaben bestimmte Musikalitätswerte bestimmen zu können. Dabei ging es vor allem um die Fähigkeit, beispielsweise Tonhöhen anhand allerfeinster Frequenzunterschiede sowie Lautstärken, Tonlängen, Klangfarben unterscheiden zu können. Gelang dies, bekam man für die jeweilige Aufgabe eine bestimmte Punktzahl zugeschrieben. Ist das aber „musikalische Begabung“? Andere Fähigkeiten wie ästhetisches Empfindungsvermögen oder eine spezifische Ausdrucksfähigkeit wurden bei diesen Tests nicht weiter berücksichtigt. Was nützt es dem Kind, wenn es weiß, dass es bei einem Test 87 Punkte hat? Vorsicht also vor Musikalitätstests, insbesondere deren Auswertungen und daraus resultierenden Schlussfolgerungen. Wenn ein Kind bei einem Musikalitätstest aufgrund einer zu geringen Punktzahl schlecht abschneidet, von der „Norm“ abweicht, kann dies auch als Hinweis auf ein besonderes kreatives Potenzial gedeutet werden – eine Fähigkeit, die sich kaum nach Punktwerten bemessen lässt. Fraglich ist, wofür und wem ein Musikalitätstest überhaupt dienen soll – dem Kind, den Eltern? Viele denken übrigens, dass das so genannte „absolute Gehör“ auf eine hohe Musikalität hindeuten müsse. Dabei ist auch dies (nur) eine spezifische Gedächtnisleistung, nämlich gehörte Töne mit den entsprechenden Tonnamen genau benennen zu können.

Inzwischen liegen psychologische Erkenntnisse vor, wonach mit Musikalität weit mehr Dimensionen verbunden sind, auf jeden Fall auch solche, die mit ästhetischen Aspekten zu tun haben. Dadurch also, dass Musikwahrnehmung über sehr viele Regionen des Gehirns verlaufen kann und verarbeitet wird, kann die einzelne individuelle Musikalität unter Umständen – im Extremfall – gar nicht genau lokalisiert werden. Jedenfalls sprechen heutige neurophysiologische Erkenntnisse dafür, dass Musikalität ein vieldimensionales Persönlichkeitsmerkmal ist und sich deswegen auf sehr unterschiedlichen Gebieten ausprägen kann. Musikalität kann sich in ganz verschiedenen Verhaltensweisen zeigen. Das kann gar nicht oft genug betont werden.

Bleibt an dieser Stelle nur noch die Frage: Wodurch entwickelt sich die Musikalität? Erbt man sie von den Eltern oder Großeltern? Ist die Bach-Familie so musikalisch gewesen, nur weil die „richtigen" Gene weitervererbt wurden? Wie also ist überhaupt der Einfluss der Gene bzw. der Umwelt einzuschätzen?

Die entscheidende Antwort gleich vorweg: Musikalisches Talent ist nicht primär auf Vererbung zurückzuführen! Die Auffassung, wonach Musikalität hauptsächlich vererbt wird, ist eher durch Weltanschauung bestimmt, als dass sie sich auf solide Forschungsergebnisse stützen kann. Allerdings kann natürlich – nach dem heutigen Stand des Wissens – nicht geleugnet werden, dass angeborene Dispositionen als besondere Merkmale der Musikalität auch eine Rolle spielen; aber keinesfalls ausschließlich. Die äußeren Einflüsse aus dem musikalischen Umfeld spielen bei der Ausprägung der Musikalität eine größere Rolle als das genetische Material beispielsweise der Großeltern. Musikrelevante Module werden im Gehirn vor allem durch den Einfluss vielfältiger Erfahrungen gebildet. Entscheidend ist also nicht, wie viel angeborenes Genmaterial ein Kind mitbringt, sondern wie seine vorhandenen Möglichkeiten genutzt und besonders gefördert werden können.

Zur Klärung des Verhältnisses von Anlage und Umwelt griffen manche Psychologen Erkenntnisse aus der Stammbaum- und Zwillingsforschung auf. Als Beweis für die Richtigkeit der Vererbungsthese wurde vor allem Johann Sebastian Bach mit seinen zahllosen Musiker-Vorfahren angeführt. Vor diesem Hintergrund gelangten manche Entwicklungspsychologen zu dem Schluss, dass mit wachsender Ausprägung der Musikalität auch die Wahrscheinlichkeit der Vererbung zunimmt. Tatsächlich sagt der Stammbaum einer Musikerfamilie aber nicht viel über die Vererbbarkeit musikalischer Begabung aus. Denn ebenso gut kann er als Argument für den prägenden Einfluss der Umgebung und Erziehung verwendet werden: Kinder musikalischer Eltern wachsen in einer (aktiv-)musikalisch betonten Umgebung auf, wo Eltern in der Regel sehr darauf bedacht sind, sie frühzeitig auch in musikalischer Hinsicht zu fördern. Immerhin steht fest, dass sich z. B. die Singfähigkeit deutlich besser und früher bei denjenigen Kindern ausbildet, die in einem musikalisch orientierten Elternhaus aufwachsen, wo gesungen wird und Musikmachen als Freizeitbeschäftigung einfach dazu gehört. Inzwischen hat man sogar herausgefunden, dass diejenigen Kinder, die im vorgeburtlichen Stadium das Glück hatten, mit Musik beschallt worden zu sein, später ein besseres Gedächtnis für musikalische Töne haben sollen.

Ist mein Kind vielleicht *besonders* musikalisch?

Dies ist die häufigste Frage von Eltern, die ihr Kind zum Instrumentalunterricht anmelden, vor allem nach den ersten Unterrichtsstunden. Manche Lehrer reagieren darauf gelassen, haben einige musikalische Besonderheiten entdeckt: das gute Gehör, gestalterische Phantasie, geschickte

Finger oder das ausgeprägte Taktgefühl. Andere wittern „Eislaufmütter“ oder „Tennisväter“, die am liebsten in das Unterrichtsgeschehen eingreifen würden, damit der Sohn oder die Tochter musikalisch und technisch möglichst schnell vorankommt. Diese Lehrer reagieren zumeist etwas empfindlich, halten sich in ihrem Urteil zurück. Das sollten Eltern aber nicht überbewerten.

Natürlich ist es sicher auch für Sie spannend, genauer zu erfahren, ob Ihr Kind *besonders* musikalisch ist. Aber was hilft es Ihnen? Wollen Sie bereits im Grundschulalter Ihres Kindes eine Prognose für seine künftige künstlerische Laufbahn? Soll Ihr Kind bereits in diesem Alter sein Hobby zum Beruf machen? Was nützen Ihnen und vor allem Ihrem Kind die in einem Musikalitätstest erzielten Punkte?

Bleiben Sie in einem vernünftigen Rahmen. Die Freude des Kindes am Instrumentalspiel und -unterricht sowie die Wahl eines geeigneten Lehrers (vgl. Kriterien zur Lehrerwahl S. 136 f.) sind für die Entwicklung Ihres Kindes wichtiger als erzielte Punkte in einem Test oder Instrumentalwettbewerb. Es wird heute immer beliebter, Kinder auf den Prüfstand zu stellen. Den IQ des Kindes testen zu lassen, ist keine Seltenheit mehr. Hier gibt es inzwischen seriöse Tests. Der „musikalische IQ“ allerdings lässt sich nicht präzise bestimmen. Es wäre musikalisch auch nicht sinnvoll. Ich meine, dass sich die wahre Musikalität erst in der Praxis des Musikmachens ermitteln lässt. Sie kann erst zum Ausdruck kommen, wenn das Kind musiziert. Da geht es um musikalisches Ausdrucksvermögen, das Spielverhalten am Instrument, motorische Koordinationsfähigkeit, differenziertes Hörvermögen, Ausdauer, Konzentrations- und Merkfähigkeit usw. Bis alle Ebenen so zum Zuge kommen, dass dabei eine *besondere* Musikalität zum Vorschein kommt, braucht es Zeit.

Der Tatsache, dass die Musikalität

- ein sehr individuell ausgeprägtes Persönlichkeitsmerkmal ist,

– aus einer individuellen Wahrnehmungs- und Empfindungsfähigkeit resultiert,
– in einem optimalen Zusammenspiel der gerade genannten Faktoren (Ausdrucksvermögen, Spielverhalten am Instrument etc.) besteht,
– auch abhängig ist von dem einen Menschen umgebenden Umfeld, den Einflüssen von außen und
– sich überhaupt in ganz verschiedenen Verhaltensweisen äußern kann (Interpretation eines Musikwerkes, Improvisation etc.),

kann ein objektiver Test der musikalischen Individualität und Besonderheit eines Schülers niemals gerecht werden. Hier wiederhole ich mich ganz bewusst! Die Gefahr, dass ein talentiertes Kind bei einem solchen Test sogar übersehen wird, ist einfach zu groß!

Für Eltern, die trotz der eben geäußerten Bedenken herausbekommen möchten, ob ihr Kind *besonders* musikalisch ist, soll der folgende Überblick über besondere Auffälligkeiten in bestimmten Lebensjahren eine erste Orientierungshilfe sein. Es handelt sich hier um musikalische Verhaltensweisen bei Kindern, die auf eine besondere musikalische Begabung hindeuten können. Ich habe sie anhand verschiedener Recherchen in Lebensläufen hochmusikalischer Kinder zusammengestellt. Nicht alle haben direkt etwas mit musikalischen Aspekten zu tun:

Im 1. Lebensjahr

♪ „Vokalisationen“ (Imitation und Ausprobieren verschiedener Laute der Stimme),
♪ aufmerksames Lauschen zu Musik,
♪ frühes Laufen.

Ab dem 2. Lebensjahr

♪ früh differenzierte motorische Fähigkeiten beim Spielen,

- ausgeprägte Neugier, vielseitiges Interesse,
- Freude an tänzerischen Bewegungen zu jeder Art von Musik,
- ehrgeiziges Verhalten in manchen Spielsituationen, hartnäckig im Lösen von Problemen,
- hohe Konzentrationsfähigkeit, Bereitschaft, sich längere Zeit mit einer Sache zu beschäftigen,
- ausgeprägtes Interesse an Liedern aus dem Umfeld und frühes Singbedürfnis (noch vor dem Sprechen),
- die Kinder beginnen, in einem regelmäßigen Metrum zu singen.

Ab dem 3. Lebensjahr
- ausgeprägtes Bedürfnis, Kinderlieder nachzusingen,
- früher Wunsch, ein Musikinstrument spielen zu wollen,
- schnelles Wiedererkennen bekannter Melodien,
- differenziertes Heraushören bekannter Musikinstrumente aus komplexer Musik,
- Erkennen von unterschiedlichem musikalischem Ausdruck.

Ab dem 4. Lebensjahr
- auffallende motorische Koordinationsfähigkeit,
- die Fähigkeit, gleichmäßiges Metrum zu halten, d. h. sich zu Musik gleichmäßig im Takt zu bewegen,
- schnelle und langsame Tempi aus Musikstücken heraushören,
- gutes räumliches Vorstellungsvermögen,
- deutliche Bemühungen, sauber zu singen,
- ausgeprägtes Rhythmusgefühl, beispielsweise erkennbar bei tänzerischen Bewegungen zu gehörter Musik.

Ab dem 5. Lebensjahr
- Wunsch, selbst ein Musikinstrument zu bauen,
- kreative Klangproduktionen sowie selbstständiges Aus-

probieren von Lieblingsmelodien auf einem selbst gebauten Instrument,
- fast fehlerfreies Nachspielen von bekannten Kinderliedern auf einem bis dahin unbenutzten Instrument (Klavier, Xylophon etc.),
- ausgeprägte Phantasie.

Ab dem 6. Lebensjahr
- Spaß am Kennenlernen komplexerer Musikwerke, wie beispielsweise einer Sinfonie von Beethoven oder Schubert,
- deutliche Verbesserung der Fähigkeit, synkopische Rhythmen (Verschiebungen des Akzents innerhalb eines Taktes) auf einem Instrument nachspielen zu können,
- Präferenz für harmonische Klänge,
- leichtes Auswendiglernen von Melodien oder komplizierten Tonfolgen,
- Zuordnung gehörter Klänge von bestimmten Instrumenten zu einer Instrumentenfamilie,
- eigene Kompositionsversuche.

Anhand dieser Übersicht können Sie als Eltern einen kleinen Check-up Ihres Kindes durchführen, ohne es ausdrücklich einem Musikalitätstest zu unterziehen. Generell gilt: Je früher die aufgeführten Fähigkeiten auftreten, desto wahrscheinlicher ist es, dass Ihr Kind besonders musikalisch ist. Aber selbst wenn das Ergebnis Ihres Check-ups für Sie nicht ganz befriedigend ausfällt, Ihr Kind aber gern ein Musikinstrument erlernen möchte, sollte dies auf keinen Fall ein Hinderungsgrund sein! Warten Sie einfach ab, wie sich das Kind *etwa im ersten halben Unterrichtsjahr* auf seinem Instrument entwickelt.

Dazu ein paar Verhaltensweisen, die Sie im Hinblick auf eine *besondere* musikalische Begabung Ihres Kindes unbedingt als positiv einschätzen sollten:

- ♪ Ihr Kind bemüht sich, falsche oder unsaubere Töne von sich aus zu korrigieren.
- ♪ Ihr Kind singt die auf dem Instrument gespielten Melodien auch bei anderen Freizeitaktivitäten nach.
- ♪ Ihr Kind ist an manchen Tagen beim Üben nicht zu bremsen.
- ♪ Gibt es Probleme beim Einüben eines Stückes, zeigt Ihr Kind eine gewisse Hartnäckigkeit beim Lösen besonderer Schwierigkeiten; es gibt zumindest nicht gleich auf.
- ♪ Ihr Kind spielt Ihnen oder Bekannten/Verwandten gern einmal sein Lieblingsstück vor.
- ♪ Ihr Kind hat Spaß daran, Freunden oder Geschwistern zu zeigen, wie sein Instrument gespielt wird.
- ♪ Ab und zu versucht Ihr Kind, Musik selber zu komponieren oder bekannte Melodien in Noten aufzuschreiben.
- ♪ Ihr Kind stellt sich (ab und zu) von sich aus den Kassettenrecorder oder den CD-Player an, um klassische oder komplex aufgebaute Musik zu hören.

Eine Anmerkung muss ich an dieser Stelle unbedingt machen: Lauern Sie nicht ständig auf die Auffälligkeiten, die hochmusikalische Kinder nach wissenschaftlichen Erkenntnissen mitbringen. Die Gefahr, Ihr Kind dadurch eher zu verunsichern, ist groß. Musikalische Begabung ist eine ganz individuelle Angelegenheit!

Halten wir ausdrücklich fest: Begabung sollte man sich als einen Prozess vorstellen, in dem das Kind auf der Grundlage seiner besonderen psychischen und physischen Dispositionen in einen besonderen kulturellen Lebensbereich hineinwächst. Die Frage, ob Ihr Kind besonders musikalisch ist oder für das Erlernen eines Instruments überhaupt musikalisch genug ist, sollte sich – zumindest aus psychologischer Perspektive – erübrigen. Ob ein Kind „sauber" singen kann oder nicht, sollte nicht ausschlaggebend für die

Entscheidung sein, ob es Musik machen darf. Falls ein Kind Schwierigkeiten beim sauberen Intonieren der Töne haben sollte, kann es auf ein anderes Instrument ausweichen, bei dem die Töne fixiert sind. Vielleicht wird es trotz mäßigen Flötenspiels ein begeisterter Flötenspieler?

Was empfinden Kinder beim Musikmachen?

Kinder sprechen in der Regel nicht über ihre Empfindungen beim aktiven Musikmachen – insbesondere die jüngeren nicht. Sie spielen einfach drauflos. Es gibt aber Indizien, die erkennen lassen, wie intensiv eigenes Musikmachen auf sie wirkt, wie stark sie Musik empfinden.

Gerade jüngere Kinder gehen mit Musik sehr offen um, verfügen (noch) über die Fähigkeit, Musik ganzheitlich zu verarbeiten. Ihre Erlebnisweise ist noch weit stärker sinnlich geprägt als bei uns Erwachsenen. Die Reichhaltigkeit an Sinneseindrücken reduziert sich mit der Zeit, mischt sich immer mehr mit „konventionellen" Erfahrungen, verlagert sich auf jenes musikalische „Wissen", mit dem wir Erwachsene musikalisch vorgeprägt sind: Von manchen Stereotypen sind wir geradezu vorbelastet. Wir hören aus Smetanas „Moldau" das Rauschen des Wassers heraus; ein Kind würde von sich aus kaum auf diese Idee kommen. Kinder assoziieren dabei häufig ihre eigene musikalische Welt, projizieren ganz unterschiedliche, altersabhängige Erfahrungen dort hinein, bilden ganz eigene Vorlieben und Ziele aus.

Auch wenn es bekanntlich schwierig und eigentlich sogar unmöglich ist, musikalische Empfindungen in Worte zu fassen, möchte ich kurz versuchen, einige Lebensphasen zu beschreiben, in denen Kinder spezifische musikalische Erfahrungen sammeln, Musik ganz spezifisch empfinden.

Beginnen wir mit dem Babyalter: Selbst wenn das Baby noch nicht sprechen kann, gibt es Momente, wo man bereits von einer eigenen Art des Musikmachens sprechen kann: wenn nämlich seine Stimme zum Instrument wird. Das beginnt, wenn der Säugling die Möglichkeiten seiner Stimme entdeckt, wenn er merkt, dass er damit Laute herstellen, mit ihnen spielen und sogar Wirkungen bei anderen Menschen erzeugen kann. Dabei spürt er, wie er selbst zum „Musik-Instrument", wie das eigene Sprechwerkzeug zum musikalischen Spielzeug, der Körper zum musikalischen Klang- und Resonanzraum wird. Psychologen sprechen hier vom „Vokalisieren". Gemeint sind damit die Laute, die das Baby von sich gibt, wenn es in seinem Stubenwagen liegt und von denen wir Erwachsene so entzückt sind. Bei genauem Hinhören klingen sie in unseren Ohren schon wie Musik, wie fast unendliche musikalische Variationen. Wir können sie sogar schon als elementare Ausdrucksformen interpretieren, die bereits Babys als körpereigenes Mittel zur Verfügung stehen. Diese Vokalisationen enthalten schon im frühen Säuglingsalter alle akustischen Eigenschaften, aus denen Musik entsteht und die grundlegend für musikalische Arrangements sind: Tonhöhe, Lautstärke, Klangfarbe, Rhythmus- bzw. Zeitstruktur. Es sind Vorformen des Singens und erster aktiver individueller Musikerfahrungen. Es sind elementare Mittel, eigene Stimmungen auszudrücken. Man kann sogar so weit gehen zu sagen, dass dabei innere Zustände zum Ausdruck kommen, wie sie die großen Komponisten später in ihren Werken festhalten. In ihren Vokalisationen signalisieren Babys jedenfalls eine breite Palette grundlegender Empfindungen von Zufriedenheit bis Missstimmung, von Geborgenheit bis Verlassenheit etc. Es sind Erlebnisqualitäten, in denen bereits Elementar-Musikalisches gespürt und zum Ausdruck gebracht wird. Entsprechende Erfahrungen mit dem Instrument der eigenen Stimme werden später ersetzt durch

Spontangesänge, die sich Kindern beim Spielen häufig geradezu aufdrängen.

Kommen wir zum Kleinkind- bis Grundschulalter: Irgendwann entdeckt jedes Kind, dass auch ein „richtiges“ Musikinstrument ganz besondere musikalische Empfindungen wecken kann. Der Zeitpunkt für diese Entdeckung kann bei Kindern sehr differieren. Sie kann bereits im Alter von zwei Jahren geschehen, aber auch erst einige Jahre später. Manche Kinder interessieren sich schon recht früh für ein ganz bestimmtes Instrument. Darin spiegelt sich auch ein individuelles Musikempfinden wider. Warum sich Kinder zu einem bestimmten Instrument hingezogen fühlen, bleibt für Eltern oft ein Rätsel, das nicht einmal die Kinder selbst erklären können. Bei den einen mag es die Vorliebe für dunkle oder helle Töne sein. Bei anderen sind es besondere Klangfarben. Wieder andere fühlen sich durch Form oder Material bestimmter Instrumente angesprochen. Es können auch die Spielbewegungen sein, die einen besonderen musikalischen Reiz auf die Kinder ausüben. Dass Zupfen eine ganz andere Bewegungsqualität hat als das Streichen, Schlagen oder Blasen, ist einleuchtend. Das scheinen Kinder intuitiv zu spüren, wenn sie sich für ein ganz bestimmtes Instrument entscheiden. Das eine Kind hat eher eine Neigung zu großen, zupackenden Bewegungen, das andere eher zu zarten und behutsamen. Es wäre aber auch falsch, in diesen Spielbewegungen nur etwas Motorisches zu sehen. Hier sind auch Gesten mit im Spiel, die mit Ausdruck besetzt werden. Das Halten, Ansetzen und Anblasen einer Trompete drückt eine andere Befindlichkeit aus als das Streichen der Saite eines Cellos mit dem Bogen. Instinktiv spürt jedes Kind die Ausdrucksmöglichkeiten, die in einem Musikinstrument stecken und zu einem intensiveren Musikerlebnis führen als beispielsweise nur das Hören der längst abgenutzten Musikkassette.

Was das *Jugendalter* betrifft, so können 12- bis 14-Jährige sich zu ihren musikalischen Erfahrungen und Vorlieben bereits recht differenziert äußern, weshalb sie im Folgenden selbst zu Wort kommen sollen:

- *„Mit Musik fühle ich mich unheimlich wohl, manchmal ist sie wie ein Spiegel meines Ausdrucks."*
- *„Das, was ich beim eigenen Musikmachen entdecke, habe ich selbst herausgefunden, und das gehört dann zu meiner Welt."*
- *„Wenn ich an meinem Cello sitze und meinen Bach spiele, kommt meine ganze Persönlichkeit rein."*

Da werden zum Teil ganz individuelle psychische Lebenswelten wach, die Kinder bei anderen Freizeitaktivitäten in solcher Intensität kaum erleben. Musikmachen ist eine Form ganz besonderer Selbstwahrnehmung. Sie kann ganz spezifische Funktionen haben, beispielsweise auf emotionaler Ebene:

- *„Wenn ich Geige übe, ist dies für mich manchmal wie ein Abreagieren von anderen Sachen. Da kann ich dann richtig abschalten."*
- *„Wenn ich nicht gut drauf bin und mich ans Klavier setze, mich da so richtig reinvertiefe, dann ist das für mich eine Form von Meditation."*

Für Kinder und Jugendliche, die selbst Musik machen, hat das Musizieren auch etwas mit Selbstverwirklichung zu tun. Natürlich drücken sie es selbst nicht so psychologisch hochgestochen aus:

- *„Beim Musizieren kann ich etwas machen, was nur mit mir zu tun hat. Wenn ich eine halbe Stunde geübt habe, fühle ich mich manchmal hinterher richtig gut."*
- *„Das Üben an meiner Etüde ist manchmal auch Arbeit an mir selbst."*

An diesen Äußerungen wird bereits deutlich, dass Musikmachen tatsächlich Lebenserfahrungen intensiviert, sensibel macht für andere Lebensbereiche, die Persönlichkeit fördert und fordert.

Auch beim gemeinsamen Musizieren im kleineren Ensemble oder dem Schulorchester werden besondere musikalische Empfindungen geweckt:

– *„Als wir kürzlich im Klassenorchester das Air von Pachelbel gespielt haben, fügte sich alles auf einmal zu einer großen Harmonie. Es begann in mir zu vibrieren."*

Wenn man sich mit Kindern und Jugendlichen über ihr Musikmachen unterhält, berichten manche von Phasen, in denen sich bei ihnen regelrechte Hochgefühle entwickeln, Gefühle, völlig im Einklang zu sein mit sich selbst und dem, was sie tun.

– *„Auf einmal funktioniert alles wie von selbst, ich fühle mich völlig sicher."*
– *„Da erlebe ich eine total ‚heile Welt', in die ich völlig eintauchen kann, und wo mich niemand stört."*
– *„In solchen Momenten finde ich mich selbst in der Musik und schwebe in meinen Tönen davon."*
– *„Beim Spielen im Orchester kommt manchmal irgendwie so ein schönes Gemeinschaftsgefühl auf."*

Diese Beschreibungen scheinen tatsächlich das widerzuspiegeln, was der Psychologe Mihaly Csikszentmihalyi als „Flow-Erlebnis" definiert (vgl. auch S. 153): „Flow ist ein Zustand des einheitlichen ‚Fließens' von einem Augenblick zum nächsten, wobei (man) Meister seines Handelns ist und kaum eine Trennung zwischen sich und der Umwelt, ... oder zwischen Vergangenheit, Gegenwart und Zukunft verspürt."

Offenbar gelingt es einigen Kindern und Jugendlichen manchmal sogar, mit ihren Instrumenten bei sich selbst entsprechende Glücks- oder Hochgefühle zu erzeugen. Immerhin beschreiben sie in ihren Erfahrungen Momente, in denen technische Schwierigkeiten überwunden scheinen oder gar keine Rolle spielen. Die musikalische Interpretation wirkt in sich vollkommen stimmig, und die Kinder „schweben" geradezu auf ihrem musikalischen Können – offenbar ohne Druck, ohne Kritik, ohne Einmischung von außen. Hier ist ein Stadium musikästhetischer Erfahrung erreicht, das mit Worten kaum mehr präzise zu beschreiben ist. Einige Kinder empfinden dieses Gefühl, wenn sie auf ihrem Instrument allein zu Hause spielen, bei manchen stellt es sich beim gemeinsamen Musizieren mit anderen ein.

Hans Günther Bastian hat in diesem Zusammenhang Meinungen von musikalisch Hochbegabten eingefangen, die es lohnt, an dieser Stelle einmal zu zitieren. Eigenes Musizieren

- *„entspannt von aufreibenden Alltagskonflikten, hilft seelische Krisen überwinden, baut Aggressionen nach Stress-Erlebnissen ab, schafft neue Energien",*
- *„bedeutet mir ein gefühlsmäßiges Verständnis, es ist eine Versinnlichung von Erlebnissen und Strukturen",*
- *„bietet ... jenen Freiraum von Individualität, der zur Identitätsfindung gerade bei jungen Menschen erheblich beitragen kann",*
- *„ist Medium der Selbsterkenntnis und der Persönlichkeitsentfaltung",*
- *„gibt dort Lebenshilfe, wo diese Jugendlichen Trost brauchen",*
- *„gibt Selbstbestätigung",*
- *„bringt meine Gedanken in eine Harmonie, ich finde mich selbst in der Musik."* (aus: H. G. Bastian, 1990, S. 124f.)

Einmal Cello – immer Cello? Oder: Wie tolerant sollten Eltern sein?

Ist das Instrument angeschafft, der richtige Lehrer gefunden und schon mancher Fingersatz im Griff, zeigt sich bei Kindern häufig ein musikalischer Enthusiasmus, den manche Eltern gar nicht für möglich halten. Da wird morgens noch schnell vor der Schule das Cello zur Hand genommen, ein paar Töne formen sich zu kleinen Melodien, manchmal klingt es schon wie ein richtiges Stück. Oder wenn abends eigentlich längst Zeit zum Zubettgehen ist, müssen noch ein paar Töne auf dem Cello gespielt werden – auf Wunsch des Kindes.

Auf diesen Enthusiasmus können allerdings auch Phasen erster Ernüchterung folgen. Die Fortschritte scheinen zu stagnieren. Die musikalische Begeisterung nimmt bei Eltern und Kind einen unterschiedlichen Verlauf: Während die Eltern vom anfänglichen Schwung noch ganz erfüllt sind, merkt das Kind mehr und mehr, dass zum Erlernen eines Musikinstrumentes Geduld, Ausdauer und ein gewisser stetiger Einsatz nötig sind: regelmäßiges Üben, nicht immer gleich ein Erfolgserlebnis, das avisierte Traumstück vielleicht doch erst in einem Jahr. Das kindliche Motivationspotenzial wird immer wieder herausgefordert und strapaziert. Die tägliche Übezeit reduziert sich. An manchen Tagen fällt das Üben ganz aus.

Aber auch die Nerven mancher Eltern werden mehr und mehr beansprucht. So wird die anfängliche Euphorie gedämpft. Spätestens wenn sich die Übekrisen häufen und die Überredungskünste in Erpressungen übergehen, eine Stunde Computerspiel gegen 10 Minuten Geigenüben verrechnet werden, kommen neue Überlegungen mit ins Spiel: Man beginnt, die Monatsmiete für die Leihvioline und die Unterrichtsgebühr auf die wirklich genutzte Zeit umzurechnen, kommt zu keinem guten Schnitt mehr. Krisenbewältigung ist angesagt, für Eltern wie Kinder. Auf Seiten der Eltern ist vor allem dreierlei wichtig: ein ausgeprägtes Durchhaltevermögen, eine gewisse Souveränität sowie Toleranz, wenn das Musikinstrument zeitweise nicht im Mittelpunkt der Freizeitaktivitäten ihres Kindes steht. Übermäßige Strenge bewirkt erfahrungsgemäß gar nichts, denn erzwungenes Üben wird nicht dazu führen, dass das Kind (wieder) Spaß am Musikmachen bekommt.

Der ursprüngliche musikalische Enthusiasmus bleibt im Kind erhalten. In den meisten Fällen wird es immer wieder Momente oder Phasen geben, in denen die Kinder plötzlich zu ihrem Instrument, zu ihrer ursprünglichen musikalischen Motivation zurückfinden. Da das Erlernen eines Musikinstrumentes ein langer Prozess ist, ist es – aus dem Abstand betrachtet – sogar normal und verständlich, wenn ein Kind ab und zu keine Lust auf das tägliche Üben hat. Wie Sie hier als Eltern Ihr Kind zu Hause sinnvoll unterstützen können, wird ausführlicher im letzten Kapitel (S. 155 ff.) behandelt.

An dieser Stelle soll es zunächst nur um die grundsätzliche Einstellung gehen, mit der Sie den Lernprozess Ihres Kindes begleiten sollten. Gefragt ist zunächst vor allem Ihre Toleranz, und zwar in Bezug auf das Freizeitverhalten heutiger Kinder und Jugendlicher. Machen wir uns ein Bild von den Klavier-, Cello- oder Blockflöten-Kindern von heute. Ist uns die Art, wie sie grundsätzlich mit ihren Instrumenten umgehen, klar, dann haben wir auch eine bessere Vorstellung von den Motiven der musikmachenden Kinder von heute. Eine angemessene, zeitgemäße Einstellung der Eltern ist jedenfalls mit entscheidend, wenn nicht gar Voraussetzung für musikalisches Lernen der Kinder. Denkbar ist, dass auch Sie als Eltern unter Umständen manches lernen, zumindest umdenken müssen.

Werden wir etwas soziologisch: Fest steht, dass heutige Kinder mit ihrer Freizeit anders umgehen als frühere Kindergenerationen. Das Interessenspektrum heutiger Kinder ist viel heterogener – zumindest derjenigen Kinder, die sich entschlossen haben, ein Musikinstrument zu erlernen. Das Interesse an aktiver musikalischer Freizeitgestaltung wird nicht mehr primär nur von dem gewählten Musikinstrument und den damit vorwiegend praktizierbaren Musikrichtungen beherrscht. Das Kind oder der Jugendliche geht sogar recht gern in die Musikschule, spielt dort auf der Violine sein Menuett, hört aber anschließend zu Hause mit ähnlicher Begeisterung seine Technomusik, trainiert gleichermaßen engagiert mit Freunden im Hockeyclub und trifft sich abends eventuell noch mit Computer-Freaks. Jedenfalls wachsen heutige Kinder in einem gesellschaftlichen Umfeld auf, in dem traditionelles Musizieren in der Regel einen geringeren Stellenwert hat als früher.

Es drängt sich ein verbreiteter Verdacht auf: Sind die Kinder heute zu verwöhnt? Ich denke nein. Sie sind aus meiner Sicht heute vielseitiger interessiert als früher. Kinder haben genaue Ziele, wenn sie mit dem Instrumentalunterricht und -spiel beginnen: Sie definieren ihre Lernziele aber sehr viel enger als ihre Eltern, sicher auch, weil sie sich musikalisch vielleicht sogar etwas besser auskennen; Musikmedien haben insofern auch etwas Gutes. Sie wollen „Für Elise" oder „Träumerei" auf dem Klavier spielen können – und das möglichst bald –, oder sie möchten die Hits der Kelly-Family bzw. der Backstreet Boys oder von Phil Collins nachspielen. Und ein anderes weit verbreitetes Ziel ist schließlich für viele noch, möglichst bald in einem Ensemble oder dem Klassen- oder Schulorchester mitspielen zu können, am besten ohne zeitraubende Fingerübungen oder Etüden. Kinder erwarten den schnellen musikalischen Erfolg. Sie sollten in diesem Zusammenhang bedenken, dass Kinder (und übrigens auch Erwachsene) heute andere, d.h. kürzere Wartezeiten gewohnt sind, um ein bestimmtes Ziel zu erreichen. Beim Computerspiel genügt im Prinzip der Mausklick, um sein Ziel zu erreichen, in der Ski-Schule lernen die Kleinen den Slalomlauf im Fünf-Tages-Kurs usw. Das heißt, viele lernen heutzutage im Rahmen verschiedener Animationsangebote, und das prägt grundsätzlich auch die Anstrengungsbereitschaft sowie den Lernprozess beim Instrumentalspiel. Hier ist von Seiten der Eltern immer wieder Überzeugungsarbeit nötig, dass zum Erlernen eines Musikinstrumentes auch ein gewisser Einsatz gehört, man sich auch über einen gewissen Zeitraum hinweg besonders anstrengen muss, um bestimmte Ziele zu erreichen. Dennoch: Hat sich Ihr Kind entschlossen, ein Musikinstrument zu erlernen, sollten Sie respektieren, dass heutige Kinder auch andere Interessen haben. Die Motivation zum eigenen Musikmachen ist bei Kindern und Jugendlichen mal mehr, mal weniger stark ausgeprägt. Halten Sie sie in schwierigen Phasen durch Toleranz wenigstens auf Sparflamme. Verlieren Sie also auch bei größeren und kleineren Krisen nicht den Kopf, zeigen auch Sie Durchhaltevermögen und Nachsicht, behalten Sie Ihre Souveränität. Freuen Sie sich, wenn Ihr Kind vielseitig interessiert ist, auch wenn das mal auf Kosten des täglichen Übens geht.

Warum sollten Kinder selbst Musik machen – und das möglichst von früh an?

Manche oben zitierte Darstellung aus Gesprächen mit Kindern und Jugendlichen, die selbst ein Musikinstrument spielen, spricht für sich. Bereits an den Beschreibungen wird deutlich, dass Musik aus der Konserve nicht das ersetzen kann, was eigenes Musizieren bewirkt. Hier werden ganzheitliche Prozesse in Bewegung gesetzt, die sich stark auch auf die Persönlichkeitsentwicklung unserer Kinder auswirken. Jeder baut gerade in seiner frühen Kindheit einen individuellen Erfahrungsschatz auf – mit Langzeitwirkung. Musik kann ihre intensive Wirkung nur entfalten, wenn man sich mit ihr auf verschiedenen Ebenen auseinander setzt – im emotionalen, sensomotorischen wie intellektuellen Bereich. Das beginnt mit der besonderen Form der (ästhetischen) Selbstwahrnehmung und reicht bis zur musikalischen Interaktion zwischen Menschen, dem Gefühl, gemeinsam an der gleichen Sache Freude zu haben, angenommen zu sein, auf eine ganz besondere Art sein Innenleben nach außen tragen zu können. Wer sich mit einem Musikinstrument beschäftigt, sammelt Erfahrungen, die ihm niemand mehr nehmen kann.

Gehen wir an dieser Stelle noch etwas weiter ins Detail. Unter Wissenschaftlern ist man sich einig: Musik hat eine Struktur, die das Gehirn in besonderer Weise anregt. Sprache und Musik basieren auf vergleichbaren Strukturen, folgen bestimmten Rhythmen, denen ähnliche harmonische Prinzipien zugrunde liegen. Kaum eine andere Beschäftigung regt so vieles im Menschen gleichzeitig an wie das Musizieren. Wer ein Musikinstrument spielt oder erlernen will, muss vieles gleichzeitig bewältigen: hin- und voraushören, musikalische Ideen über fein- und grobmotorische Bewegungen und die vom Instrument vorgegebenen Bedingungen verwirklichen. Eine Vielzahl verschiedenster Bewegungsformen, Reaktionsweisen, sinnlicher Wahrnehmungen, Gedankenprozesse und seelischer Empfindungen wird dabei ineinander verflochten. Keine andere künstlerische Tätigkeit ist mit so vielfältigen Sinneswahrnehmungen verknüpft. Hier erleben Kinder Lernprozesse viel unmittelbarer und sinnlicher als beispielsweise in den meisten Schulfächern. Es liegt nahe, dass sowohl die jeweils von außen kommenden Reize als auch die individuellen Prozesse der Vernetzung die Anatomie des Gehirns verändern. Wissenschaftliche Studien haben gezeigt, dass Schüler, die mehr Musik- als Deutsch- und Mathematikunterricht erhielten, nicht nur selbstbewusster wurden, sondern sogar teilweise ihre Leistungen deutlich verbessert haben. Einige Beispiele: Durch das sensomotorische „Training“ beim Musizieren verbessert sich nicht nur die Finger- und Handgeschicklichkeit, sondern auch die Sprachfertigkeit. Immerhin liegt im Gehirn das Sprachzentrum nahe dem Bereich, der für die Bewegungen von Hand und Handgelenk verantwortlich ist. Die Sprachentwicklung steht oftmals im Verhältnis zum Entwicklungsstand der Feinmotorik und der Fingerbeweglichkeit. Studien belegen, dass Musizieren zu einer Reduktion von Sprachfehlern führt und auch die Leseleistungen steigert. Außerdem: Räumliches Vorstellungsvermögen und Bewegungen im dreidimensionalen Raum bilden die Grundlage der Beherrschung fast jedes Musikinstruments. Wer Fingersätze befolgt, sich mit Sechzehntel-Noten, Triolen und Siebenachtel-Rhythmen auseinander setzt, hat damit bereits etliche mathematische Grundoperationen verinnerlicht. Die *mathematischen Fähigkeiten* verbessern sich: In einer amerikanischen Studie lösten Kinder, die ein halbes Jahr lang Keyboard spielten, Aufgaben im Bruch- und Prozentrechnen besser als diejenigen Kinder, die keinen Keyboardunterricht erhielten.

Darüber hinaus vermutet man, dass die Leistungsbereitschaft der Kinder mit dem gewonnenen Selbstvertrauen wächst. Forscher haben herausgefunden, dass Lernprozesse, die mit allen Sinnen erlebt werden, die Kreativität positiv beeinflussen. Die umfassende Verknüpfung verschiedener Bereiche des Gehirns ermöglicht ganzheitliche, schnelle und effiziente Denkprozesse. Genau an der Schnittstelle zwischen Wissen, Erinnerung, Emotion und Intuition entstehen neue Ideen und innovative Lösungen. Durch musikalische Anregung wird in jedem Fall die Gehirnentwicklung auch allgemein gefördert. Musikalische Wahrnehmungs- und Lernprozesse verlaufen nicht nur über ein einziges Organ, sondern werden optimal erst durch die im Selbertun erfolgende Vernetzung mit anderen Organen verarbeitet. Wo immer ein einzelner Bereich angesprochen wird, wird gleich ein größeres Netz aktiv. Je enger also diese multisensorische Vernetzung ist, je mehr miteinander verknüpft ist, umso weniger kann dabei letztlich herausfallen, umso mehr also kann individuell wahrgenommen und empfunden werden. Voraussetzung ist aber eine frühe Förderung, die bis zum 10. Lebensjahr stattgefunden haben sollte: Während dieser Jahre ist das Gehirn besonders sensibel für die grundlegenden musikalischen Lern- und Ausreifungsphasen – man spricht in diesem Zusammenhang von so genannten „offenen Lernfenstern". In dieser Zeit also werden jene grundsätzlichen musikalischen Vernetzungen gebildet, die jedem Menschen eine differenzierte musikalische Wahrnehmungsbreite sowie -Intensität ermöglichen und lebenslang erhalten bleiben.

Halten wir also noch einmal ausdrücklich fest: „Musikalität" im Sinne einer bestimmten Disposition des Gehirns geschieht nicht nur unter dem Einfluss genetischer Gegebenheiten, sondern stark auch unter dem Einfluss der Erfahrung. Dass sich ganzheitliche Wahrnehmungs-, Verarbeitungs- und Lernprozesse, wie sie beim aktiven Musikmachen erfolgen, auch positiv auf die Persönlichkeitsentwicklung eines Menschen auswirken, wurde bereits an den zitierten Äußerungen der befragten Kinder und Jugendlichen deutlich. Wissenschaftlich bestätigt wurde dies inzwischen ebenfalls, und zwar auf verschiedenen Ebenen: So wurden positive Auswirkungen auf *Konzentration, Ausdauer und Disziplin* nachgewiesen. Kommt es zu Erfolgserlebnissen, erfahren Kinder auf diese Weise, dass „Arbeit" Spaß machen kann. Erfolg „beflügelt". Neuere Studien belegen darüber hinaus ein stabileres *seelisches Gleichgewicht*, größeres *Einfühlungsvermögen* sowie höhere *Sympathiewerte* bei Kindern, die musikalisch besonders gefördert wurden. Diese Kinder erhalten von ihren Mitschülern vergleichsweise öfter die Einschätzung „Den mag ich gern". Es liegt somit nahe, dass vor allem durch gemeinsames Musizieren auch die soziale Integrationsbereitschaft gefördert wird. Im Zusammenspiel muss auch Rücksicht auf andere genommen werden, man muss den anderen zuhören können. Hinzu kommen positive Auswirkungen auf die *Selbstkontrolle* auch im Hinblick auf ein erweitertes *Körperbewusstsein* sowie eine Steigerung der *Ausdrucksfähigkeit*. Kinder können mit Hilfe ihres Musikinstrumentes Gefühle ausdrücken, für die ihnen häufig die Worte fehlen. Nicht selten wird das Instrument zu einem Ventil innerer Spannungen. Aktives Musikmachen fördert, so gesehen, die Sensibilisierung der Selbst- und Fremdwahrnehmung.

Vor diesem Hintergrund wird klar, dass eigenes Musikmachen die Persönlichkeit vor allem im Hinblick auf den Aufbau einer gesunden Identität und eines stabilen Selbstbewusstseins fördert.

Werden Kinder durch Musikmachen intelligenter?

Diese Frage drängt sich geradezu auf, zumal in den Medien diesbezüglich immer wieder neue Sensationsmeldungen verbreitet werden. In den USA spricht man inzwischen in diesem Zusammenhang sogar schon vom „Mozart-Effekt", was bedeuten soll, dass allein das Hören von Musik schon klüger mache. In Florida erhalten Mütter anlässlich der Geburt ihrer Kinder eine Mozart-CD, in der Hoffnung, damit gleich von Anfang an die Intelligenz der Babys zu fördern.

Aber Halt: Hier ist eine gewisse Zurückhaltung ratsam, denn in wissenschaftlichen Untersuchungen konnte bisher noch keine Auswirkung aktiven Musizierens auf die Entwicklung der Intelligenz nachgewiesen werden.

Wie kann „Intelligenz“ definiert werden? Der amerikanische Psychologe Howard Gardner unterscheidet allgemein sieben Formen von Intelligenz, mit denen jeder Mensch von Natur aus ausgestattet ist. Er nennt sie „Intelligenzdomänen“. Es handelt sich um die sprachliche, die mathematische und die räumliche Intelligenz. Darüber hinaus nennt Gardner die musikalische Intelligenz, die Bewegungsintelligenz und die für das Sozialleben besonders wichtigen „personalen“ Intelligenzen. Die intrapersonale Intelligenz bezeichnet die Fähigkeit, wahrzunehmen, was im eigenen Inneren vorgeht, die interpersonale Intelligenz beschreibt die Fähigkeit, vorherzusagen und wahrzunehmen, was andere Menschen denken und fühlen. Dies sind auf jeden Fall jene Formen der Intelligenz, die als Grundbedingungen menschlichen Lebens, Denkens und Handelns dienen.

Wo Musik gemacht wird, sind alle Ebenen mehr oder weniger mit im Spiel:

- Wer im Blockflötenkreis, im Klassenorchester oder in der Big-Band der Schule musiziert, benötigt die Fähigkeit, die anderen Mitspieler wahrzunehmen. Er muss auf sie eingehen, ihnen nachgeben, muss „mitschwingen“ und „taktvoll“ sein.
- Im Hinblick auf die Bewegungsintelligenz ist es nahe liegend, dass intensives Training der Feinmotorik am Instrument auch im Alltag nützlich sein kann. Neue Befunde aus der Motorikforschung sprechen dafür, dass geübte Bewegungen tatsächlich auch außerhalb des geübten Zusammenhangs die motorischen Fertigkeiten verbessern.
- Dass Musizieren die musikalische Intelligenz fördert, liegt nahe: Zweifellos werden beim Musikmachen im Vergleich zum ausschließlichen Musikhören die oben genannten multisensorischen Fertigkeiten zusätzlich gefordert (vgl. S. 34 f.).

- Darüber hinaus fördert die Auseinandersetzung mit Fingersätzen, Notenwerten und Rhythmen die mathematische Intelligenz.
- Bleibt noch die sprachliche Intelligenz, die in Westeuropa zwar wenig vom Musizieren profitiert, wohl aber in Sprachen, in denen die Wortmelodie ausdrücklich Bedeutungen transportiert. Im Chinesischen beispielsweise haben Musiker ein besseres Wortgedächtnis als Nicht-Musiker.

Fazit: Musizieren „trainiert" alle gardnerischen Intelligenzdomänen. Aber ein wissenschaftlicher Beweis dafür steht noch aus. In mehreren vergleichenden Studien wurde nur eines klar: Kinder, die vor dem 7. Lebensjahr ein Musikinstrument erlernen, scheinen eine höhere Intelligenz zu entwickeln, zumindest schneiden sie bei IQ-Tests besser ab. Und wenn sie bis zum 18. Lebensjahr durchhalten, sind sie auch im kreativen Denken anderen weit voraus. Dennoch - vergleicht man die Ergebnisse von IQ-Tests bei Berufsmusikern und Musikstudenten mit Angehörigen anderer künstlerischer oder akademischer Berufe, so finden sich keine eindeutigen Unterschiede. Nur wer bereits von ganz früh an intensiv ein Musikinstrument erlernt, und zwar möglichst Klavier oder ein Streichinstrument, erwirbt damit einen tatsächlich messbaren Intelligenzvorsprung. Doch Vorsicht: Niemand würde und sollte auf die absurde Idee kommen, Musik zu machen, um besonders intelligent zu werden. Das wäre eine zu vordergründige Legitimation aktiven Musikmachens! Genau dort würde ich den Beginn eines a-musischen Verhaltens gegenüber der Musik sehen. Musik will und kann doch viel mehr bewirken.

Muss sich Instrumentalunterricht „rechnen"?

Eigenes Musikmachen kostet Geld: Zunächst muss das Instrument angeschafft werden. Die Anschaffungspreise für ein Schülerinstrument sind je nach Instrument sehr unterschiedlich. Eine Blockflöte ist ab 20 Euro erhältlich, ein 1/8-Cello mit Bogen und Hülle ist wesentlich teurer (zu Anschaffungskosten vgl. S. 101 f.). Für Einzelunterricht (45 Min.) in der Musikschule muss man (in Deutschland und Österreich) monatlich mit ca. 80 Euro (in der Schweiz mit ca. 120 Sfr.) rechnen, beim Privatmusiklehrer kann es etwas mehr kosten. Hinzu kommen Noten, Notenständer, ab und zu neue Saiten oder aufwändigere Reparaturen. Die regelmäßigen Fahrtkosten zum Unterricht muss man genau genommen auch noch hinzurechnen, und zwar in der Regel über Jahre hinweg. Wenn Kinder ein Musikinstrument erlernen, bleibt es also nicht bei einer einmaligen Investition. Bei Eltern, die täglich gegen permanente kindliche Wünsche und Bedürfnisse ankämpfen müssen, spielen zweifellos auch wirtschaftliche Überlegungen eine Rolle. „Rechnet" es sich, wenn Kinder aktiv Musik machen?

Ein Kaufmann würde wahrscheinlich sämtliche Kosten penibel ab- und nachrechnen. Er würde überprüfen, wie viel die Klavierstunden im Laufe von sechs Jahren kosten werden – auch unter Berücksichtigung der zu erwartenden Teuerungsrate. Und vermutlich würde er zu dem Ergebnis kommen, dass es preiswerter wäre, den Kindern einfach einen Fernseher, Gameboy oder Computer ins Kinderzimmer zu stellen.

Ein Pädagoge dagegen würde bei dieser Alternative alle Hände über dem Kopf zusammenschlagen. Immerhin wird verstärkt über neue Bildungswerte und besondere Fördermaßnahmen für Kinder nachgedacht – und dabei wird immer klarer, dass die private Förderung einen hohen Stellenwert hat. Aus pädagogischer Sicht ist die Perspektive klar: weg vom innovativen, aber kurzlebigen und kostspieligen Medienkonsum mittels Videos, DVDs, Computerspielen hin zum Beständigen wie beispielsweise Musikmachen.

Rekapitulieren wir kurz ein paar pädagogisch relevante Gedanken und bringen sie im Sinne einer Kosten-Nutzen-Rechnung auf den Punkt. Sie beziehen sich vor allem auf *Transfereffekte*, die vom eigenen Musizieren ausgehen, sowie die damit verbundenen lebenslangen Dimension eines Hobbys fürs Leben.

Führen wir uns die wichtigsten Transfereffekte vor Augen, die vom eigenen Musizieren ausgehen. Von den vielfältigen, sich auf unterschiedlichste Bereiche erstreckenden Auswirkungen aktiven Musikmachens war bereits die Rede. Aktives Musikmachen trägt zur Entspannung von aufreibenden Alltagskonflikten bei, hilft seelische Krisen überwinden, baut Aggressionen nach Stress-Erlebnissen ab, schafft neue Energien, bietet jenen Freiraum von Individualität, der zur Identitätsfindung gerade bei jungen Menschen erheblich beitragen kann. Musikmachen ist Medium der Selbsterkenntnis und der Persönlichkeitsentfaltung, gibt Lebenshilfe, wo man Trost braucht, gibt Selbstbestätigung, bringt die Gedanken in eine Harmonie.

Damit sind wir beim nächsten Aspekt, der nicht in Geldwert umgerechnet werden kann: dem Hobby fürs Leben. Wer aktives Musikmachen als Hobby ausübt, wird damit später im Berufsleben eine ideale Form der Entspannung finden können, darüber hinaus eine Möglichkeit, mit anderen Menschen Kontakte zu pflegen.

Musik ist eine menschliche Notwendigkeit und ein Teil unseres Lebens. Der Umgang mit Musik gehört in unsere Gesellschaft, weil Musik eine der wenigen Möglichkeiten darstellt, Zugang zu den Dimensionen des Unaussprechlichen zu finden. In einer Welt der alles überflutenden medialen Geschwätzigkeit von Talkshows und Reality-TV brauchen wir Reservate des Nicht-mit-Worten-Sagbaren und Schutzzonen der Emotionen. Wir brauchen auch die Möglichkeit, Emotionen auf nicht-verbale Weise zu kommunizieren. Gerade Kindern sollte man ein Handwerkszeug mitgeben, das sie für das Leben brauchen, nämlich Emotionen auf verschiedene Weise auszudrücken.

Sollte man vor diesem Hintergrund also nachrechnen, ob sich die finanzielle Investition lohnt? Es gibt Menschen, die ein Ziel danach beurteilen, welchen materiellen Nutzen sie daraus ziehen können. Das funktioniert bei Musik nicht. Hier muss man materielle Berechnungen vergessen können oder lernen, die Freude am eigenen Musikmachen als Gewinn zu verbuchen und eigenes Musikmachen als sinnvolle Freizeitbeschäftigung für das ganze Leben zu sehen. Der Grund für die Beschäftigung mit Musik ist primär und immer die Musik selbst und sonst nichts. Oscar Wilde hat einmal treffend gesagt: „*Alle Kunst ist nutzlos. Genau das macht sie so wertvoll.*“ Wir sollten hier nicht aufrechnen und können es auch nicht.

Die ersten Jahre musikalischer Entwicklung

Musikalische Entwicklung beginnt schon *vor* der Geburt

Es gibt inzwischen recht genaue Erkenntnisse über die Hörfähigkeiten der noch ungeborenen Kinder, die sich vor allem im letzten Schwangerschaftsdrittel entwickeln. Genau genommen beginnt damit auch die musikalische Entwicklung. Halten wir kurz fest:

- ♪ etwa ab der 7. Schwangerschaftswoche wird das Hörsystem gebildet;
- ♪ bereits ab der 27. Schwangerschaftswoche kann der Fötus auf bestimmte Melodien reagieren (durch Messungen der Herzfrequenz konnten Wissenschaftler entsprechende Reaktionen bei Föten auf Musik nachweisen);
- ♪ etwa ab der 35. Schwangerschaftswoche entwickelt der Fötus erste Vorlieben nicht nur für die Stimme der Mutter, sondern auch für bestimmte, wiederkehrende Klänge von außen (den Klang der Kirchturmuhr, die während vieler Autofahrten wiederholt gehörte CD, einzelne Passagen, die die Mutter während der Schwangerschaft am Klavier intensiv geübt hat, Titelmelodien von Fernsehsendungen etc.).

Das Ungeborene bildet bereits ein Wahrnehmungssystem aus, das es schon im Mutterleib zu ersten Erfahrungsprozessen befähigt. Das heißt, Föten besitzen nicht nur theoretisch die Fähigkeit zu hören, sondern werden ja auch tatsächlich mit allerlei Lauten beschallt, denen sie praktisch zuhören können. Das beginnt mit dem stetigen Herzrhythmus der Mutter, ihren Atem- und anderen Körpergeräuschen, die den Fötus Tag und Nacht begleiten. Alle diese Hörerfahrungen üben einen prägenden Einfluss auf das Nervensystem und die emotionale Entwicklung des Kindes aus. Besonders intensiv wirkt hier der mütterliche Herzschlag, ein ständiger, verlässlicher Gefährte, der es vom Beginn seiner Hörfähigkeit bis zum Augenblick der Geburt begleitet. Man weiß, dass sich Neugeborene durch den Klang des mütterlichen Herzens leicht beruhigen. Das, was Babys nach mehrmaliger Wiederholung im Uterus wahrnehmen, können für sie ganz vertraute Klänge werden, für die sie bald auch eine Vorliebe entwickeln. Ein britischer Forscher stellte fest, dass Neugeborene, deren Mütter sich während der Schwangerschaft regelmäßig eine bestimmte Seifenoper im Fernsehen angeschaut hatten, zu weinen aufhörten, sobald die Erkennungsmelodie der Serie erklang, während Babys, deren Mütter das Programm nicht zu sehen pflegten, keinerlei Reaktion zeigten. Wie es scheint, besitzen Neugeborene ein ausgeprägtes Gedächtnis für ihre vorgeburtlichen akustischen Erlebnisse. Und so kann auch ein Musikstück bereits zum musikalischen Erfahrungsschatz des Kindes gerechnet werden, das es einige Wochen vor seiner Geburt gehört hat. Es kommt vor, dass Musikstücke Kindern noch nach mehreren Jahren bekannt vorkommen, obwohl sie sie seit ihrer Geburt nicht mehr gehört haben.

Das Ungeborene nimmt akustische Reize nicht nur wahr, es ist auch bereits in der Lage, seine Wahrnehmung auf das auszurichten, was für es von Bedeutung ist – und das ist zunächst vor allem die Stimme der Mutter. Man geht inzwischen davon aus, dass die Klangfarbe der Mutterstimme und der Sprechrhythmus erlauscht werden. Immerhin erkennt der Säugling beides nach der Geburt in der veränderten Schallumwelt sofort wieder. Zumindest bei auditiven

Eindrücken scheint also das Ungeborene bereits zwischen „wichtig" und „unwichtig" unterscheiden zu können. Trotz der Fülle von z. T. sehr heftigen Geräuschen differenziert es vermutlich zwischen der recht gleich bleibenden vegetativen Geräuschkulisse im Bauch der Mutter und sinntragenden, subjektiv bedeutsamen akustischen Informationen, die von außen hinzukommen.

Wir können weiter festhalten: Bei der Geburt verfügen Babys bereits über eine ungefähr zwölfwöchige reale Hörerfahrung und haben sich ein gewisses Urteil gebildet, was sie gern hören und was nicht. An erster Stelle steht die Stimme der Mutter, vor allem wenn sie in höherer Stimmlage spricht. Im Unterschied zum Sehen, bei dem Neugeborene eine eindeutige Vorliebe für einfachere Reize zeigen, tendieren ihre akustischen Präferenzen eher zur Komplexität, und diesen Zweck erfüllen Musik und eine hohe modulierte Sprachmelodie besser als beispielsweise reine Töne und andere schlichte Laute. Zahlreiche Indizien weisen darauf hin, dass das Kind im Mutterleib bereits damit beginnt, seine Hörfähigkeit auch in musikalischer Hinsicht recht gezielt zu entwickeln und grundsätzliche musikalische Hörwahrnehmungsmuster auszubilden. Psychologen sprechen hier auch von „sensorischen Urmatrizen".

Damit sind wir bei einer tiefenpsychologischen Ebene, der wir noch weiter nachgehen sollten. Denn bereits in diesem Stadium werden unbewusste Mechanismen nachgeburtlicher Lebensorientierung und grundlegender Bedürfnisse gebildet, die auch für die spätere Musikrezeption bedeutsam werden und als unbewusste Mechanismen der Verhaltenssteuerung erhalten bleiben. Die dabei gebildeten „psychischen Urmatrizen" entwickeln sich zu psychischen Sinnträgern, die uns im nachgeburtlichen Leben die Richtung weisen für das, was als erstrebenswert, als angenehm, als bedeutsam empfunden wird und auch mit hoher

Ich-Beteiligung wahrgenommen und verarbeitet wird. Hier geht es im Wesentlichen um das Streben nach Geborgenheit und Kommunikation. Damit hängen weitere Bedürfnisse zusammen, die bereits im pränatalen Stadium geprägt werden: das Streben nach Harmonie sowie der Wunsch, bewegt zu werden, wie man es selber im Mutterleib erfahren hat. Aus tiefenpsychologischer Sicht sind wir in nicht bewusster Weise bestrebt, uns jenen Zustand absoluter Geborgenheit wieder zurückzuholen, ihn wieder zu erreichen.

Die Musik spielt hier eine ganz besondere Rolle, denn offenbar kann dies besonders gut mittels Musikhören und eigenem Musikmachen geschehen. Generell können wir davon ausgehen, dass wir insbesondere mit dem Musikinstrument in einem Milieu agieren möchten, das weitgehend auf unsere Bedürfnisse abgestimmt ist: Wir möchten

– Geborgenheit, Schutz, Beachtung, Akzeptanz, Stimulation erfahren,
– die eigene Existenz spüren, und zwar über den Einsatz vieler Sinne, die Wahrnehmung des eigenen Körpers in der Bewegung sowie den Kontakt zu anderen Menschen,
– innerlich berührt werden,
– im eigenen Tun einen Sinn sehen,
– mit anderen Menschen in Verbindung kommen, mit ihnen kommunizieren.

Wenn nahezu jedes Kind irgendwann einmal den Wunsch hat, selbst Musik machen zu wollen, wird es natürlich nicht in dieser Weise über seine tiefenpsychologischen Bedürfnisse reflektiert haben. Aber viele Kinder scheinen zu erspüren, dass eigenes Musikmachen ein Medium sein kann, das ihnen tatsächlich so etwas wie ein Gefühl der Geborgenheit, einen Zustand des Ausgleichs und eine ganz besondere Möglichkeit der Selbstwahrnehmung und Selbstartikulation gibt. Im pränatalen Stadium wird offenbar bereits die Wurzel für das gelegt, was später viele Erwachsene am eigenen Musizieren so schätzen.

Die musikalische Entwicklung in den ersten Lebensjahren

Jede Entwicklung verläuft individuell. Mal scheint sie zu stagnieren, mal stürmt sie in atemberaubendem Tempo voran. Manchmal lässt sich gar nicht erklären, warum ein Kind auf einmal zu singen anfängt oder sich für bestimmte Musikstücke interessiert. Ob dies mit gerade geöffneten musikalischen Lern- oder Zeitfenstern (vgl. S. 36) oder anderen entwicklungspsychologischen Faktoren zusammenhängt, lässt sich nicht eindeutig bestimmen. Fest steht aber, dass die entscheidenden Phasen, in denen sich grundsätzliche musikalische Fähigkeiten besonders gut und intensiv entwickeln, im Zeitraum etwa bis zum 10. Lebensjahr liegen. Daher lassen sich alterstypische Phasen unterscheiden, in denen das Kind bestimmte Fähigkeiten auffallend schnell und gut entwickelt. Manche Fähigkeiten lassen sich bestimmten Altersgruppen zuordnen, auch wenn die Altersangaben natürlich nicht exakt vorgegeben werden können; sie sind lediglich als Anhaltspunkte zu verstehen.

Kinder vor dem Vorschulalter

1. Lebensjahr:
Frühe musikalische Auffassungsleistungen können im vorsprachlichen Stadium der kindlichen Entwicklung nur aus der Art ihrer Zuwendung zur Musik bzw. zum Singen erschlossen werden. Hier kommt es zu entscheidenden Wechselwirkungen zwischen den Angeboten aus der Umwelt und angeborenen Fähigkeiten. Der Säugling beginnt schon recht früh, mit seiner Stimme auf sich aufmerksam

zu machen bzw. über Sprachlaute mit seinen Mitmenschen zu kommunizieren. Die dabei gebildeten Selbstlaute (Vokale) können bereits überaus klangreich sein. Im Alter von etwa acht Wochen benutzen Säuglinge verlängerte Vokale und Gurrlaute (z.B. „erröh" oder „ägrr"), die bei genauerem Hinhören sogar schon Ähnlichkeit mit kurzen Melodien haben. Dabei trainieren die Kinder ihren Stimmapparat, indem sie versuchen, gehörte und bekannte Sprachlaute zu imitieren und zu intonieren. Das bezieht sich auf Tonhöhen, Lautstärkenintensität, Klangvielfalt und Rhythmus – also auch musikalische Elemente. Obwohl Kinder schon im ersten Lebensjahr ein mehr oder weniger großes rhythmisches Empfinden besitzen und bereits sehr einfache Rhythmen voneinander unterscheiden können, bildet sich das rhythmische Differenzierungsvermögen erst allmählich aus.

2. Lebensjahr:
Bereits während des zweiten Lebensjahres sind die Kinder in der Lage, ihre Lieder in einem erkennbar regelmäßigen, mehr oder weniger bewusst gesteuerten Metrum zu singen. Sie können auch schon gezielt einzelne Töne und Tonfolgen nachsingen. Insgesamt bevorzugen sie bei ihren Spontangesängen vor allem die Dreiklangsmelodik. Hinzu kommt, dass sie verschiedene Tonlagen (hoch – mittel – tief) in der Regel schon unterscheiden können. Dabei orientieren sie sich jedoch primär am Tonhelligkeitsempfinden von hell nach dunkel. Sie können bestimmte (bevorzugte) Melodien unter anderen wiedererkennen.

3. Lebensjahr:
In der Regel können Kinder in diesem Alter einfache Lieder gut mitsingen. Singen sie alleine, sind die „Originale" gut wiederzuerkennen. Das liegt daran, dass die Entwicklung der musikalischen Auffassungsfähigkeit bei Kindern im 3. Lebensjahr deutliche Fortschritte zeigt. Haben sie Ge-

legenheit, schon einmal auf einem (auch selbst gebastelten) Musikinstrument zu spielen, sind sogar einfache musikalische Strukturen erkennbar: immer häufiger der gleiche Rhythmus, immer wieder ganz bestimmte Tonfolgen. Durch das starke Bewegungsbedürfnis entwickeln sich in diesem Alter nicht nur die motorischen Fähigkeiten, es wirkt sich auch positiv auf ihr rhythmisches Gespür aus.

4. Lebensjahr:
Im 4. Lebensjahr sind die meisten Kinder in der Lage, Töne unterschiedlicher Höhe sauber nachzusingen sowie rhythmische Bewegungen und Melodiekonturen richtig zu erfassen. Aber sie können beim Singen von Liedern nur selten verschiedene Parameter zugleich beachten. Lernen sie ein neues Lied, können sie sich z.B. zunächst nur auf die melodische Folge konzentrieren oder auf den Text, kaum auf rhythmische oder andere musikalische Parameter – oder umgekehrt. Typisch für dieses Alter sind auch die Spontangesänge, die häufig noch wie ein Potpourri aus vielen kleinen Teilen bekannter Lieder klingen. Die Kinder sind jetzt in der Lage, Instrumentenklänge zuzuordnen oder aus einem Musikstück herauszuhören. Die auditive Differenzierungsfähigkeit geht bei 4-Jährigen so weit, dass sie mehr und mehr auch schon fähig sind, bei musikalischen Darbietungen heiteren und traurigen Ausdruck aufgrund unterschiedlicher Harmonik unterscheiden zu können. Im Laufe des vierten Lebensjahres deuten sich darüber hinaus erste Ansätze an, zwischen tonalen und atonalen Melodien bewusst (!) unterscheiden zu können und hier Vorlieben für tonal Klingendes zu entwickeln, d.h. für Musik in Dur und Moll. Das musikalische Ausdrucksverständnis differenziert sich darüber hinaus zunehmend weiter. Allerdings haben Psychologen herausgefunden, dass dieselben Emotionen nicht auf allen Instrumenten gleich gut erkannt werden. 4-Jährige identifizieren z.B. den Aus-

druck einer Melodie besser, wenn sie gesungen wird, als wenn sie auf der Geige gespielt wird.

Was Rhythmus- und Taktgefühl angeht, so können 4-jährige Kinder zwischen schnell und langsam dargebotener Musik bereits recht sicher unterscheiden, wobei übrigens „schnell" und „langsam" in diesem Alter für das Kind nicht nur ein wichtiger, sondern sogar zentraler (qualitativer) Aspekt der Musik zu sein scheint. Schnelle Musik fasziniert viele Kinder ganz besonders. Das Nachklatschen von Rhythmen, das synchrone Mitklatschen und Mitgehen im Takt zur Musik stellt für die 4-Jährigen in der Regel noch eine große Schwierigkeit dar.

Kinder im Vorschulalter

Das Bewegungsbedürfnis ist bei 5- bis 6-jährigen Kindern noch sehr stark. Deswegen entwickeln sich die motorischen Fertigkeiten gerade in diesem Alter sehr schnell. Und so sind ab dem 6. Lebensjahr in der Koordination großer Bewegungen auffallende Fortschritte erkennbar: Die den ganzen Körper erfassenden motorischen Reaktionen werden jetzt durch die Bewegungen der einzelnen Körperteile abgelöst. Diese Bewegungen beginnen nun zu dominieren. Tätigkeiten, die „große" Bewegungen erfordern (z. B. Radfahren etc.), werden deutlich geschickter und ausdauernder. Feinere Bewegungen allerdings sind in diesem Alter noch nicht so präzise koordiniert, so dass sie in der Regel eher ungenau und nur recht langsam gelingen. Die vielfältigen Bewegungserfahrungen in diesem Alter führen zur fortschreitenden Verfeinerung bekannter und eingeübter Bewegungstypen. Dabei erlernen Kinder z. B. ohne Schwierigkeiten die isolierte Bewegung der Finger, die ja eine Grundlage des Instrumentalspiels ist.

Viele Kinder können in diesem Alter – insbesondere beim Singen – bereits ein festes Metrum beibehalten. Dadurch, dass Kinder nun aufgrund ihrer geistigen Entwicklung in der Lage sind, sich bekannte Lieder besser zu merken, lassen ihre spontanen Liederfindungen nach. Sie interessieren sich nicht mehr so sehr dafür, selbst neue Lieder zu erfinden, sondern orientieren sich verstärkt an den bekannten. Das Interesse am spontanen, spielerischen und „kreativen" Singen geht mehr und mehr zurück. Mit sechs Jahren erwerben Kinder die Fähigkeit, mit synkopischen Rhythmen, also mit Verschiebungen des Akzents innerhalb eines Taktes umzugehen. Haben sie dazu keine Gelegenheit, bildet sich nach neueren Erkenntnissen die Lern- und Reproduktionsfähigkeit bezüglich synkopischer Rhythmen wieder zurück. Generell können wir in diesem Zusammenhang festhalten, dass die rhythmische Entwicklung sehr viel langsamer verläuft als die Entwicklung der Fähigkeit zur Klang- und Tonhöhenverarbeitung, sie reicht sogar etwa bis zum 10. Lebensjahr, ist quasi dann erst abgeschlossen; und bei mangelnder Förderung und Übung dauert sie sogar noch länger oder stagniert so, dass lebenslang sogar motorische Defizite bleiben können. Das hat physiologische Gründe: Während in anderen Bereichen die physiologischen Veränderungen des Gehirns und der Nerven bis zum Ende des 2. Lebensjahres abgeschlossen scheinen, ist das vorläufige Ende der Differenzierung motorischer Nervenbahnen erst mit dem 6. Lebensjahr zu erkennen. Es liegt nahe, dass dies auch die exakte Reproduktion musikalischer, insbesondere rhythmischer Vorgaben noch einschränken kann. Dieser natürlich bedingte Umstand muss also beim Erlernen eines Instrumentes bzw. beim Üben zu Hause mit einkalkuliert werden. Wenn es einem Kind in diesem Alter z. B. noch schwer fällt, gleichmäßig im Takt zu bleiben und manche Notenwerte genau einzuhalten, sollte es nicht durch Korrekturversuche seiner Eltern verunsichert werden.

Hinsichtlich des Singens sind gegen Ende des 6. Lebensjahres Bemühungen erkennbar, bei Ungenauigkeiten der Intonation die Töne entsprechend zu korrigieren, d. h. das Kind kann in diesem Alter die Reinheit der Töne deutlich besser beurteilen. Hinzu kommt, dass Kinder nach dem Atmen mitten im Lied nicht selten in einer anderen Tonart weitersingen, sofern eine melodische oder harmonische Stütze von außen fehlt. Noch im Alter von 8 bis 10 Jahren kann es passieren, dass Kindern der (versehentliche) Wechsel von Dur zu Moll nicht weiter auffällt; aber auch das ist noch Teil der „normalen" musikalischen Entwicklung.

Kinder im Grundschulalter

Zum Erlernen eines Musikinstruments ist das Grundschulalter bestens geeignet: In diesem Alter verbessern sich insbesondere das Körperbewusstsein und die Kapazität der Aufmerksamkeit. Damit erwirbt das Kind die Fertigkeit, Bewegungen mehr und mehr feinzusteuern, d. h., es lernt aufgrund von Fortschritten in der kinästhetischen Entwicklung (Kinästhesie ist die unbewusste Steuerung von Körperbewegungen) sowie durch bewusstere Wahrnehmung seiner eigenen Handlungen, die Bewegungen präziser zu koordinieren und zu kontrollieren, damit also auch genauer auszuführen. Darüber hinaus sind Kinder in diesem Alter in der Lage, mit verschiedenen Symbolsystemen umzugehen. Sie können sich auf mehrere instrumentalspezifische und musikalische Aspekte gleichzeitig konzentrieren, so dass sie Parameter wie beispielsweise Rhythmus, Tonfolge, Klangfarbe und Lautstärke während des Spiels und Übens auf ihrem Instrument bewusst wahrnehmen und gegebenenfalls korrigieren können. Das ist eine Grundvoraussetzung sowohl für das Musikverständnis als auch für eigenes Musizieren.

Hinzu kommen wesentliche Verbesserungen des Gedächtnisses, die sich u. a. auf folgende musikalische Fähigkeiten auswirken:

- deutliche Verbesserung der Fähigkeit, längere Rhythmen mit bis zu drei verschiedenen Notenlängen (z. B. Viertel-, Achtel-, Sechzehntelnoten) und konkret synkopischen Rhythmen nachzuklatschen, d. h. Rhythmen, die zur Verschiebung des Akzentes innerhalb eines Taktes führen, beispielsweise von der üblichen Betonung auf dem ersten Ton auf die zweite Zählzeit des Taktes,
- ein deutlicheres Verständnis der musikalischen Begriffe „hoch" - „tief",
- auch emotional versteht das Kind den über das Musikinstrument vermittelten musikalischen Ausdruck wesentlich besser,
- kleine Intervalle können genauer differenziert werden,
- in der Fähigkeit, ein konstantes Metrum beizubehalten, sind deutliche Verbesserungen erkennbar,
- das Gefühl für Tonalität und Harmonik hat sich stabilisiert, so dass nun auch Dur und Moll unterschieden werden können,
- auch die Fähigkeit, musikalische Stile voneinander zu unterscheiden, prägt sich in diesem Alter deutlich aus.

Im Alter von etwa neun Jahren verbessert sich nahezu schubartig ganz entscheidend das Gefühl für das Metrum, also das Bewegen, Singen oder Musizieren im Takt. Außerdem gewinnt in diesem Alter die kinästhetische Wahrnehmung erheblich an Sensibilität, wodurch die sensomotorischen Fertigkeiten beim Instrumentalspiel nun auch bewusster nachvollzogen werden können. Wenn es beispielsweise im Violinunterricht darum geht, dem Kind ein besseres Gefühl für seinen Bogenstrich zu vermitteln und sein Lehrer vom „Armgewicht" und „Fingerkontakt" zur Bogenstange spricht, kann es sich das Kind in diesem Alter mit Hilfe entsprechender Übungen recht genau vorstellen und seinen „Ton“ verbessern. Außerdem können durch die Weiterentwicklung des Gedächtnisses nun auch polyphone, also mehrstimmige Musik beispielsweise von J. S. Bach sowie harmonische Grundfunktionen (z. B. der Kadenz am Schluss eines Musikstücks) besser verstanden werden.

Wie Kinder Musik lernen

Psychologen verwenden im Zusammenhang des Lernens gern das Bild der „Lernfenster“. Darunter verstehen sie allgemein Entwicklungsphasen, in denen die Aufnahme- und Lernfähigkeit außerordentlich hoch ist. Eine außergewöhnliche Neugier der Kinder ist häufig ein Anzeichen für „geöffnete“ Lernfenster. Vertiefen wir diese Perspektive mit heutigen neurobiologischen Erkenntnissen: Seitdem Neurobiologen, Biochemiker und Neuropsychologen die „Plastizität“, d. h. die Formbarkeit unseres Nervensystems erkannt haben, ist deutlich geworden, welche Bedeutung Umwelteinflüsse bzw. die Förderung von außen für die Entwicklung eines Menschen haben. Lernen und Entwicklung verlaufen in Abstimmung mit den Umwelteinflüssen parallel. Im pränatalen Stadium und unmittelbar nach der Geburt liegt zunächst nur so etwas wie ein „Grundbauplan“ der neuronalen Vernetzung vor. Das heißt, während die Gene die Architektur unseres Gehirns festlegen und auch schon ein paar Module z. B. für die Verarbeitung bestimmter Außenreize vorliegen, beginnt das Neugeborene gleich nach der Geburt, vorgeburtliche Erfahrungen mit den Erfahrungen der Außenwelt abzustimmen und das Gehirn entsprechende Repräsentationen aufbauen und strukturieren zu lassen. Auch wenn Lernprozesse prinzipiell über das gesamte Leben verlaufen, gibt es im Laufe der Entwicklung besondere „sensible“ Phasen, in denen das Lernen besonders leicht verläuft. Man kann sie sich vorstellen als „Zeitfenster“ im Gehirn, die sich in manchen Phasen weit öffnen und viel Neues hineinlassen, was für die Entwicklung ganz bestimmter Fähigkeiten besonders effektiv ist. In diesen Zeitfenstern entstehen die Hauptstrukturen zwischen den verschiedenen Hirnarealen, mit denen wir später im Leben zurechtkommen müssen. Erfahrungen während dieser sensiblen Phasen in der Kindheit prägen die Entwicklung des Gehirns entscheidend. Fallen die Fenster aber zu, können die Verschaltungen der Nervenzellen nicht mehr so leicht erfolgen.

Die „Inneneinrichtung“ des Gehirns ist also entscheidend von Umwelterfahrungen abhängig. Mit dieser zweigeteilten Entwicklung des Gehirns - genetisch festgelegt und abhängig von Umweltreizen - ist auch ein Ausleseprozess verbunden: Werden die im Überschuss angelegten Verbindungen zwischen den Neuronen in einer festgelegten Zeitphase einerseits nicht genutzt, verkümmern sie und sind im Extremfall später nicht mehr aktivierbar. Andererseits bilden häufig genutzte bzw. aktivierte Nervenzellen weitere und stabilere Verbindungen. Es liegt nahe, dass gerade in den Jahren der frühen Kindheit entscheidende Zeitfenster offen sind, und zwar parallel zur allgemeinen Reifung und Entwicklung des Gehirns. Die ganz besondere Eigenart der Lernfenster besteht darin, dass sich zum einen die *Aktivität* dieser Fenster kaum von außen beeinflussen lässt, wohl aber das *Angebot an Erfahrungen*, wenn sich ein Fenster gerade öffnet bzw. bereits weit geöffnet ist. Zum anderen öffnen und schließen sich diese Fenster nicht über einen beliebig langen Zeitraum. Lernfenster konnten inzwischen für viele Bereiche menschlicher Fähigkeiten ausgemacht werden (z.B. für die sprachliche und motorische Entwicklung).

Hinsichtlich der musikalischen Lernfenster konnten bislang zwar noch keine exakten Erkenntnisse zur Herausbildung bestimmter musikalischer Fertigkeiten innerhalb bestimmter Altersphasen gewonnen werden. Fest steht aber, dass die musikalischen Lernfenster relativ lange geöffnet sind. Musikpsychologen haben festgestellt, dass die Lernfenster, die für die Ausprägung grundlegender musikalisch-künstlerischer Fähigkeiten, d.h. insbesondere musikästhetischer Sensibilität und sensomotorischer Geschicklichkeit, entscheidend sind, sich bis zum 10. Lebensjahr öffnen. Die bis zu diesem Alter erworbenen musikalischen Erfahrungen führen im Gehirn zu Vernetzungen, die lebenslang über die Tiefe und Weite musikalischer Empfindungsfähigkeit sowie künstlerischer Leistungsfähigkeit auf dem Musikinstrument entscheiden.

Erhält ein Kind bis dahin Gelegenheit, ein Musikinstrument zu erlernen, wird es eine selbstverständliche Leichtigkeit im Umgang damit erreichen können, wie es später nicht mehr so einfach möglich sein wird. Im Gehirn wird ein weites und dichtes Erfahrungsnetz geknüpft. Es werden Assoziationen gebildet, die dem Kind im Laufe seines Lebens eine wichtige Basis für weitere Erfahrungen sein werden. Nahezu jeder Eindruck hinterlässt im Gehirn seine Spuren. Und weil Musik im Gehirn ganzheitlich verarbeitet und mit vielen individuell bedeutsamen Erfahrungen gekoppelt wird, ahnen wir häufig gar nicht, wie wichtig gerade in frühen Jahren vielseitige Erfahrungsmöglichkeiten für das Kind sind. Es sind also nicht nur instrumentalspezifische Erfahrungen, die für die musikalische Entwicklung des Kindes in den ersten zehn Jahren wichtig sind. Musik hat für Kinder häufig noch einen viel weiteren Bedeutungsradius als für uns Erwachsene. Haben also Kinder das Glück, in einer Umgebung aufzuwachsen, in der sie selbst aus unterschiedlichen Angeboten und Erfahrungsmöglichkeiten auswählen können, werden sie Musik mühelos und vor allem spielerisch erfahren und damit auch langfristig entscheidende Grundlagen für eine breite spätere musikalische Empfindungs- und Rezeptionsfähigkeit erwerben.

Für Eltern ist es gar nicht immer leicht, die individuellen musikalischen Lernprozesse überhaupt mitzubekommen. Wann teilen uns Kinder schon ausdrücklich mit, was sie gelernt haben? Das gilt erst recht für musikalische Lernprozesse. Höchstens, wenn sie uns ihr Lieblingsstück unbedingt einmal vorspielen wollen, kann dies auch nach dem Motto verstanden werden: „Seht und hört mal, ich habe etwas gelernt und kann etwas." Aber nicht alle Kinder lassen uns wissen, was sie hören und verstehen. Oft merken wir Erwachsenen gar nicht, wie genau sie mit ihren Ohren die Welt der Klänge hören, was musikalisch hängen bleibt. So war ich sehr überrascht, als unsere damals 3-jährige Tochter mich beim Besuch des Kinderkonzertes darauf hinwies, dass die Celli im Orchester in einer Passage gerade genau das Gleiche gespielt hatten wie die Geigen vorher.

Führen wir uns einige Lernarten vor Augen, die Kinder von sich aus intuitiv nutzen, und zwar insbesondere in musikalischer Hinsicht:

Musik lernen wie die Muttersprache

Erinnern Sie sich noch an die Momente, als sich ihr Kind im ersten Lebensjahr musikalisch artikulierte? In der Hektik des Alltags mit einem Baby geht manches unter, wird von uns gar nicht erst registriert. Gemeint ist das - oft - leise Gebrabbel und Geplapper aus dem Stubenwagen, der Babywippe oder dem Kinderwagen. Das Kind übt auf der rein klanglichen Ebene bereits Silben, die es beim späteren Sprechen benötigt. Oft wird eine neu entdeckte Silbe beim so genannten Wiederholungsplappern über ein bis zwei Wochen in allen Varianten durchexerziert, z.B. „mamamam".

Dadurch stabilisieren sich natürlich auch jene Laute, die in der jeweiligen Sprache am häufigsten wahrgenommen worden sind. Das Kind gewinnt allmählich mehr Kontrolle über Stimmgebung und Modulation von Melodik, Lautstärke und Klangfarbe der Stimme.

Aus musikalischer Perspektive ist daran bedeutend, dass hier Sprach- und Sing- bzw. Musikentwicklung parallel verlaufen. Das lässt sich im ersten Lebensjahr besonders gut beobachten, wenn das Baby anfängt, seine ersten Laute zu sprachähnlichen Gebilden zu formen. Bereits nach einer Woche beginnt der Säugling mit Lautäußerungen, die sich deutlich vom Schreien unterscheiden. Bei genauerem Hinhören sind es keine „Mitteilungen", um vielleicht mehr Zuwendung zu bekommen, sondern es ist eine lustvolle Aktivität, die an sich keinen Sinn hat und keinen Zweck erfüllt. Wer kleinen Kindern zuhört, erlebt jedenfalls viele Variationen. Schon nach den ersten, fast zufällig produzierten Lauten geht das Kind dazu über, den Reichtum seiner stimmlichen Möglichkeiten zu erproben. Viele versuchen sogar mit ziemlicher Ausdauer, ganz verschiedene Laute hervorzubringen, nachzuahmen oder zu variieren. Das Vokalisieren nimmt schnell an Umfang und Dauer zu, vor allem, wenn sich Eltern daran beteiligen. Da können manchmal sogar recht musikalische Dialoge entstehen. Wenn man die Art und Weise genauer beobachtet, wie Eltern mit ihren Säuglingen sprechen, ist auffällig, dass sie dabei ganz anders kommunizieren als im normalen Leben, nämlich wesentlich musikalischer: Sie

- wählen eine höhere Stimmlage,
- sprechen langsamer,
- verlängern die Vokale,
- artikulieren deutlicher,
- gönnen sich größere Pausen,
- sprechen gefühlvoller und
- gestalten die Sätze fast zu kleinen Melodien,

ohne es selbst ausdrücklich zu merken. Entscheidend dabei ist, dass das Baby sich schon sehr darum bemüht, wahrgenommene Laute aufzuschnappen und nachzubabbeln, um so in eine Art Dialog mit den Eltern zu kommen. Die Laute, die es dabei produziert, enthalten bereits recht musikalische Elemente in Bezug auf Tonhöhe, Klangvielfalt und Rhythmus. In gewisser Hinsicht findet bereits eine erste „musikalische Früherziehung" statt, wenn die Babys während der ersten Monate bei ihren stimmlichen Äußerungen dem elterlichen Vorbild folgen. Auch die Atmung und Stimmgebung seiner Laute übt das Baby so ein, dass sie nicht selten die Qualität reiner musikalischer Töne gewinnen.

Gegen Ende des ersten Lebensjahres tauchen im kindlichen Repertoire zunehmend strukturelle Elemente aus der Sprache der Eltern oder aus Liedchen auf. Es sind bereits bestimmte Intonationsmuster, rhythmische Silbenfolgen oder ein Stück der Melodie, die das Kind in manchmal ausgedehnten Monologen unermüdlich einübt, variiert und entsprechend weiterentwickelt.

Das Kind weiß dabei natürlich noch nichts über seine Artikulationsprozesse und die einzelnen Vorgänge der Lautbildung, aber es orientiert sich an einem Klangbild, das es intuitiv, quasi nebenbei bereits kennen gelernt hat. Dabei entdeckt es seine Stimme als schöpferisches Spielzeug und geht damit recht musikalisch um!

Auf diese Weise kann auch Musik in einer Umgebung vielfältiger musikalischer Anregungen zu einer Art „Muttersprache" werden, die sich mühelos und spielerisch erlernen lässt. Analog zum Prozess des Spracherwerbs entwickeln Kinder Vorstellungen von Rhythmen, Melodien, Harmonien usw. im Sinne eines noch weitgehend unbewussten

Erfahrungsschatzes, der für die weitere musikalische Entwicklung eine wichtige, unverzichtbare Basis wird.

Lernen erfolgt über „Be-greifen"

Kinder brauchen unmittelbare sinnliche Erfahrungen, um etwas zu lernen. Das beginnt schon im „Greifalter", wenn das Baby anfängt, Gegenstände zu erkunden. Diese Art des Lernens entwickelt sich über viele Jahre weiter. Die besondere Neugier der Kinder macht die häusliche Umgebung auch in musikalischer Hinsicht immer interessanter. In der Küche werden der Kochtopf oder die Reibe als „Musikinstrument" entdeckt. Mit Phanatsie und musikalischer Experimentierlust werden verschiedene Rhythmen ausprobiert. Auch wenn es manchmal etwas lauter wird, entsteht dabei schon Musik. Im Verlauf der nächsten Jahre suchen Kinder immer wieder nach Gelegenheiten, Musik auf ihre Weise zu „be-greifen": Als ich das letzte Mal mit unserem 9-jährigen Sohn Johannes in der Musikinstrumentenabteilung des Deutschen Museums in München war, reichte es ihm nicht, das Clavichord aus dem 18. Jahrhundert nur aus der Distanz zu betrachten. Die Tasten aus Elfenbein lockten zu sehr, einmal berührt, einmal heruntergedrückt zu werden. Das Schild „Bitte nicht berühren" konnte ihn nicht davon abhalten, doch einmal eine Taste zu betätigen und dem Instrument einen Ton zu entlocken – zum Schrecken des Wärters, der uns sofort ermahnte. Die kindliche Neugier, die hier im Berührenwollen zum Ausbruch kam, ist die Basis für jeden Erfahrungs- und Lernprozess. Die Metapher des „Be-greifens" ist also wörtlich zu nehmen.

Bezogen auf Musik wird meist zunächst das Notenbild entziffert und in Fingerbewegungen umgesetzt. Hat man sich viele Male damit beschäftigt, bildet sich auch eine genauere Tonvorstellung. Die Übung, in der immer wieder das Notenbild (also das Auge) mit dem Griff (einer Bewegung) und dem Klangergebnis (durch das Ohr wahrgenommen) verbunden wird, führt zu dem Ergebnis, dass der Spieler schon aufgrund des Notenbildes den Klang innerlich wahrnehmen kann. Zwischen Vorhaben und Verwirklichung, zwischen Erwartung und Ergebnis entsteht ein permanentes Wechselspiel, das den musikalischen Verstehensprozess voranbringt, das musikalische Empfindungs- und Ausdrucksvermögen mehr und mehr differenziert und intensiviert. Dieses Begreifen hat zu tun mit einer ganz subjektiv bestimmten Mischung von Aneignung und Übernahme, von Auseinandersetzung und Verwerfung, von Identifikation, von Nähe und Distanz. Wenn Kinder im Begreifen lernen, verbinden sich Erlebtes und Gewusstes; Emotionales und Kognitives kommen zusammen. Selbst Ästhetisches wird hier angeregt und erlebt. Es finden individuelle Vernetzungen im Gehirn statt. Musik erhält einen ganz spezifischen Sinn. Auf diese Weise wird Musik innerlich wirklich verstanden – es gibt wohl keinen intensiveren Weg als über das eigene Musikinstrument.

Ganzheitliches Lernen

Gehirnphysiologisch sind alle Menschen von Natur aus darauf angelegt, über die Sinneskanäle wahrgenommene Informationen mehrdimensional zu verarbeiten, d.h. durch vielfache Verknüpfungen ein möglichst weites neuronales Netzwerk aufzubauen. Je dichter dieses Netz angelegt ist, desto vielseitiger können Reize aus unserer Umgebung verarbeitet werden, desto intensiver sind die Wirkungen. Besonders bei Kindern ist dieser Verarbeitungs- und Lernmechanismus noch sehr ausgeprägt. Haben Kinder Gelegenheit, sich selbstständig etwas anzueignen, geschieht dies in der Regel niemals in einkanaliger Weise. Meistens sind dabei alle Sinne wach bzw. möglichst viele Sinneskanäle am Lernprozess beteiligt. Wenn wir Kindern beim Spielen oder in besonderen Lernsituationen zusehen, können wir immer wieder beobachten, wie sie versuchen, einen unbekannten Gegenstand ihrer Umgebung auf vielfache Weise zu erforschen: indem sie ihn schütteln, in den Mund nehmen, ihn wenden und betasten usw. Die Lust am Ausprobieren ist bei jüngeren Kindern noch nicht durch vorgefertigte Lösungswege beeinträchigt. Jeder sucht zunächst seinen eigenen Erfahrungsweg.

Das gilt auch für die Musik. Sobald Kinder Musik hören, werden sie aufmerksam, jedes auf seine Weise. Die einen hören – für uns Außenstehende „nur" – zu, lauschen konzentriert, die anderen drängt es zum Mitsummen oder Mitsingen, wieder andere bewegen sich zu dem, was sie hören. Bei einigen Kindern entsteht der Wunsch, Musik auf einem Musikinstrument nachzuspielen oder sogar mitzuspielen, sich über das Musikinstrument zu artikulieren, auszudrücken.

Tatsächlich ist kein anderes Medium so geeignet, Sinne, Körper, Emotion, Phantasie und Verstand gleichermaßen anzusprechen wie die Musik. Pädagogen gebrauchen dafür den Begriff des „ganzheitlichen Lernens". Gemeint ist damit nicht, dass Kinder über das mehrkanalige Verarbeiten wirklich alles in ihrer Gesamtheit verarbeiten und verstehen (können). Wer kann schon Musik *ganz* verstehen? Jeder tut dies auf seine Weise. Entscheidend ist hier, dass jeder – zumeist unbewusst – versucht, eine Gesamtheit, ein fertiges Werk wahrzunehmen und so zu komplettieren, dass zumindest vorübergehend der Eindruck entsteht, als handele es sich um eine übergeordnete Ganzheit. Die Kinder gelangen dabei in einen besonders sensiblen Bereich ästhetischer Erfahrung. Sie macht den besonderen Reiz bzw. das besondere Motiv des Musizierens aus, nämlich über das eigene Musizieren kreativ zu sein.

Wir sind von Natur aus daraufhin angelegt, mit Symbolen umzugehen, selbst Symbole zu bilden, Symbolisierungen anderer zu verstehen. Die Fähigkeit, Symbole zu bilden, zu erkennen und mit ihnen unser Leben zu gestalten, wird schon früh angelegt. Sie kann bis ins vorgeburtliche Stadium zurückverfolgt werden. Tiefenpsychologen gehen davon aus, dass das Ungeborene mit seinem bereits funktionstüchtigen Sensorium entsprechende Grundmuster späterer Wahrnehmungs-, Interpretations- und Erkenntnisprozesse aufbaut. Das sind jene „psychischen Urmatrizen", von denen schon die Rede war (vgl. S. 45). Das Ungeborene lebt natürlich noch in einer Welt ohne Zahlen und Begriffe, einer so genannten „präsentativen" Welt. Hier sind Zeichen und Bezeichnetes noch nicht voneinander getrennt, die Wahrnehmungen sind also noch nicht abstrakt repräsentiert. Es werden aber schon entscheidende Strategien symbolischer Vergegenwärtigung für das spätere Leben gebildet und konditioniert. Psychologen gehen heute davon aus, dass sich hier jene Urerfahrungen entwickeln, die später in Darstellungsformen präsentativer Symbolik fortwirken. Die dabei gewonnenen vorgeburtlichen Eindrücke macht das Ungeborene in einem Milieu der absoluten Geborgenheit. Dies ist ein Schutzraum, der ganz auf die Bedürfnisse des Individuums eingestellt ist. Diesen Zustand wiederherzustellen - danach strebt der Mensch im nachgeburtlichen Leben, indem er entsprechende sensorische Stimuli aufsucht, die unbewusst als Erinnerungsbrücke dienen.

Im Laufe unseres Lebens sind wir darauf aus, uns entsprechende Darstellungsformen präsentativer Symbolik zu schaffen und sie zu erhalten. Unbewusst wollen wir im übertragenen Sinne bewegt und berührt werden, wie wir es - ich drücke es noch einmal tiefenpsychologisch aus - in der Zeit vor unserer Geburt im Bauch unserer Mütter kennen gelernt hatten. Hier suchen wir so etwas wie die Resonanz sensorischer Urmatrizen. Und dies drückt sich im Wesentlichen in verschiedenen Formen symbolischen Ausdrucks (Geborgenheit, Kommunikation mit anderen Menschen etc.) aus, die wir in Märchen, Gesten, Tanz, Musik usw. kultivieren.

Querverbindungen zur Musik sind nicht schwer herzustellen: Mit ihr kann man sich umgeben, kann Geborgenheit erfahren und sich wohl fühlen. Musik ist so etwas wie ein „objektiver Kommunikator", ein Gegenüber, mit dem man gern Kontakt aufnimmt, vor allem aktiv über Musikinstrument und Notentext. Hier hat der Komponist – wenn auch unbewusst – Urmatrizen fixiert, die wir dann mit Hilfe unseres Instruments wiedererwecken und nachempfinden können.

Natürlich werden Kinder niemals so analytisch über ihr Bedürfnis reflektieren, Musik zu machen oder zu hören. Aber wenn wir uns mit Musik beschäftigen, haben wir es mit Symbolen auf verschiedenen Ebenen zu tun. Dabei geht es nicht nur darum, schwarze Notenpunkte zu entziffern und in Fingersätze zu übertragen, sondern diesen Symbolen selbst einen Ausdruck zu geben. Und die Fähigkeit, damit umzugehen, steckt von Natur aus in Kindern. Im Umgang mit Symbolen liegt sogar eine ganz besondere Stärke der Kinder. Spätestens bis zum Grundschulalter schaffen es alle normal entwickelten Kinder auf der Welt leicht und auf natürliche Weise, den ganzen Umfang der Symbole und Systeme zu meistern. Sie lernen sprechen und die begrifflich-sprachlichen Symbole gezielt einzusetzen. Sie nutzen aber auch die übrigen Symbolsysteme. Denn vieles von unserem Wissen wird durch Gesten oder auf andere Arten vermittelt, die nicht im engeren Sinne sprachlich sind. Das Repertoire an aktiv genutzten und selbst erfundenen Symbolen des Vorschulkindes geht weit über die Sprache hinaus.

Die Fähigkeit zur Bildung von Symbolen steckt also in uns allen und wird bereits von Kleinkindern gern kultiviert. Irgendwann im Alter von acht Monaten bis zwei Jahren beginnen Kinder damit, ihr Wissen über Ereignisse in Symbole zu fassen und damit spielerisch umzugehen: beim Malen, Modulieren, Bauen mit Bauklötzen, Gestikulieren. Vor allem im Vorschulalter kommt die Fähigkeit zur Symbolverarbeitung, zum Denken und Handeln in Symbolen richtig in Schwung. Sie zeigt sich in Als-ob-Spielen, zweidimensionalen Abbildungen (Zeichnungen), dreidimensionalen Konstruktionen (aus Knete oder Bauklötzen), im körperlichen Ausdruck und in Musik. Sie dienen meist als Übergangssymboliken auf dem Weg zur Erfassung der Welt. Kinder eignen sich auf diese symbolische Weise die Welt an.

Das gilt in besonderem Maße natürlich auch für die musikalische Beschäftigung. So kann in Als-ob-Spielen aus einem Kochlöffel eine Klarinette werden, aus einem Besenstiel ein Kontrabass und aus einem Teddybär ein Klavierspieler. Für Kinder scheint es völlig klar zu sein, dass das Symbolische in der Musik ergänzt wird durch die Interpretation des Menschen, der jeweils Musik macht. Und dieser Sinnvollzug wird im Prinzip bereits von Kindern individuell geleistet. Jedes Kind entwickelt seine musikalischen Vorlieben selbst, projiziert eigene Bedeutungen in Musik hinein. Wichtig ist, dass Kinder ihre empfundenen Bedeutungen selbst machen und in ganz eigenständigen Zeichen ausdrücken. Diese Art symbolischen Lernens wird heute in vielen Instrumentalschulen gefördert. Auf herkömmliche Notensymbole wird am Anfang häufig noch verzichtet, um die Phantasie und Vorstellungskraft der Kinder nicht gleich einzuengen.

Nachahmungslernen ist eine Fähigkeit, die Kinder von Anfang an beherrschen. Kaum auf der Welt, beginnen sie schon, diesen Lernmechanismus einzusetzen. Schon sieben bis 72 Stunden alte Säuglinge machen das Zungeherausstrecken und Mundöffnen von Erwachsenen nach. Sie imitieren spontan den fröhlichen, traurigen oder überraschenden Gesichtsausdruck Erwachsener. Lernen durch Nachahmen spielt auch beim musikalischen Lernen eine große Rolle und beginnt schon sehr früh. Kommunizieren Mutter und Baby, fällt nicht nur auf, wie zwischen beiden regelrechte Zwiegespräche zustande kommen, sondern wie sich beide über sprachmelodische Gesten wechselseitig nachahmen. Bei genauerem Hinhören wird deutlich, inwieweit bereits die Laute, die Babys im Alter zwischen drei und sechs Monaten ausprobieren, Imitationen von Sprachlauten oder gehörten musikalischen Tönen aus ihrer Umgebung sind. Auch in den folgenden Jahren orientieren Kinder sich an dem, was sie hören, was sie sich einprägen können, was stimmlich nachzuahmen und umzusetzen ist. Es ist schwierig, allgemein zu sagen, wie und was ein Kind in diesem Alter zur Nachahmung auswählt. Fest steht aber zweierlei:

1. Kinder verfügen gerade während ihres ersten Lebensjahres über ein vokal-auditives Feedbacksystem, welches die Nachahmung und Produktion von vorgegebenen Sprech- und Singmelodien ermöglicht.
2. Das Nachahmungslernen unterstützt im Zusammenhang mit den Vokalisationen den Spracherwerb, wodurch nebenbei auch grundlegende gesangliche Fertigkeiten eingeübt werden.

Auge, Ohr und Stimme sind die ersten Mittel eines jeden Menschen, um seine kulturelle Umgebung durch Nachahmungsprozesse aufzunehmen, sich auch musikalisch zu artikulieren und auszudrücken.

Wegen seiner starken sinnlichen Qualität ist Nachahmungslernen keine primitive, sondern eine sehr komplexe Art des Lernens. Im Vordergrund steht dabei das sinnliche Vorstellungsvermögen, das auf eine ganzheitliche Verarbeitungsart ausgerichtet ist. Die Fähigkeit, sich an Modellen bzw. Vorbildern zu orientieren, hat auch große Bedeutung beim Wunsch, Musik machen zu wollen. Für viele Kinder ist dies sogar ein entscheidendes Motiv bei der Wahl des Instrumentes. Wächst ein Kind in einem Haushalt auf, in dem die Eltern oder andere Familienangehörige aktiv Musik machen, ist die Wahrscheinlichkeit groß, dass auch das Kind ein Instrument spielen möchte. Auch der Freund oder die Freundin können bei der Entscheidung zum eigenen Musikmachen starken Einfluss haben. Selbst der Musiker, der in der Fußgängerzone seine Künste auf dem Instrument präsentiert, kann den entscheidenden „Funken" bei dem Kind auslösen, das jeweilige Instrument auch spielen zu wollen.

Spielerisches (Musik-)Lernen

Wenn Musik gemacht wird, wird viel vom „Spielen" gesprochen. Man sagt beispielsweise

„Wir spielen ein Musikinstrument."

„Wir spielen Bach und Beethoven.".

„Wir spielen eine bestimmte Passage etwas lauter."

Und jeder, der einmal ein Konzert besucht hat, weiß, dass Musik nur überzeugt, wenn sie „gespielt" wird. Klingt sie nach Arbeit und Disziplin, lässt sie völlig kalt. Musikmachen hat also viel mit Spielen zu tun. Gerade diese Dimension übt auf Kinder einen entscheidenden Anreiz aus, ein Musikinstrument zu erlernen.

Warum spielen Kinder generell so gern? Führen wir uns einige Besonderheiten des Kinderspiels vor Augen, denn sie sind kennzeichnend auch für das Instrumentalspiel. In dreifacher Hinsicht sind Parallelen erkennbar: Spiel als Methode des Verstehens, als Medium zur Stabilisierung des Selbstkonzepts und als Form der Entspannung. Auf allen Ebenen können Kinder elementare Erfahrungen sammeln, die sich auch auf ihre Persönlichkeitsentwicklung auswirken (vgl. dazu „Transferwirkungen", S. 41).

Spiel als Methode des Verstehens:
Beobachten wir Kinder beim Spielen, wird deutlich, wie sie Verhaltensweisen ausprobieren, Erfahrungen verarbeiten, sich mit Problemen konfrontieren und eigene Lösungen testen, herumexperimentieren. Das Spiel wird von Psychologen in dieser Hinsicht als eine wichtige Technik der Weltaneignung angesehen, ist wichtiges Durchgangsstadium in der intellektuellen Entwicklung. Während wir Erwachsene schon über einen großen Erfahrungsradius verfügen und uns die Realität recht genau erklären können, besteht die spezifische Bewältigungsweise des Kindes darin, dass es sich zunächst diese Welt erst noch angewöhnen muss. Es greift zunächst nur Elemente aus der Realität heraus und geht damit so lange um, bis es sie sich angeeignet hat. Erlernt ein Kind ein Musikinstrument, eignet es sich grundlegende musikalische Prinzipien an. Es muss Regeln kennen lernen und beachten. Es muss sich auf mehrere instrumentalspezifische und musikalisch-ästhetische Aspekte gleichzeitig konzentrieren. Immerhin gehören zum eigenen Musikmachen viele Prozesse, die gelernt und miteinander koordiniert werden müssen:

- verschiedene Regeln der Haltung des Instrumentes beachten,
- feinste motorische Bewegungsabläufe aufeinander abstimmen,
- Noten lesen und mit exakten Griff- bzw. Fingerfolgen in Verbindung bringen,

- Rhythmen verstehen und umsetzen,
- schnelle Tempi meistern,
- Töne zu melodischen Phrasen gestalten,
- Töne in besonderer Qualität spielen (z.B. mit Vibrato)
- Durchhaltevermögen, d.h., die Kräfte ökonomisch einsetzen, wenn beispielsweise ein längeres Musikstück durchgespielt werden soll,
- Stresssituationen bewältigen, wenn beispielsweise Großeltern oder Bekannten etwas vorgespielt werden soll.

Es müssen Parameter wie beispielsweise Metrum, Rhythmus, Tonfolge, Klangfarbe und Lautstärke erfasst und während des Spiels auf dem Instrument bewusst wahrgenommen, gegebenenfalls korrigiert und mehrdimensional verarbeitet werden. Spielerisch erlernen Kinder im Umgang mit ihrem Musikinstrument ein besseres Tongefühl, ein deutlicheres Verständnis der musikalischen Begriffe „hoch", „tief". Auch emotionale Verstehensprozesse werden durch das Instrumentalspiel gefördert; musikalischer Ausdruck kann wesentlich intensiver mit dem Musikinstrument individuell erfasst werden als beispielsweise nur durch das Hören eines Musikstückes.

Spiel als Medium zur Stabilisierung des Selbstkonzepts:
Eben war vom Spiel als Methode der Weltaneignung die Rede. Das Spiel bietet dem Kind die Möglichkeit, die Realität entsprechend seinem aktuellen intellektuellen Niveau verarbeiten und einüben zu können. Die besondere psychologische Bedeutung des Spiels besteht also darin, dass sich das Kind bestimmte Ausschnitte aus der Realität herausgreifen kann, die es wirklich verstanden hat. Gleichzeitig bietet dies Schutz für manche Unfähigkeit. Das Kind braucht diesen Schutz, weil seine Fähigkeiten einfach noch nicht ausreichen, die Realität den eigenen Möglichkeiten anzupassen und die realen Probleme angemessen und da-

zu noch mit allen denkbaren Konsequenzen zu bewältigen. Die im Spiel zumeist selbst gesteckten Grenzen sorgen jedenfalls dafür, dass das Kind in einem überschaubaren und bewältigbaren Rahmen bleibt. Gleichzeitig kann es mit dieser Auswahl der Spielelemente auch sein Selbstkonzept und Selbstbewusstsein aufbauen und schützen. Die individuelle Auswahl bewahrt das Kind somit auch vor dem eigenen Scheitern und eventueller Entmutigung. Auch diese Dimension ist beim Instrumentalspiel wiederzufinden. Darf sich ein Kind selbst ein Musikstück aussuchen, wählt es am liebsten das ihm bereits bekannte Stück aus. Hier spürt es seine Kompetenz. Die selbst gemachten Töne und Melodien hören sich wie „richtige" Musik an. Darf es sein Lieblingsstück bei einem Vorspiel im familiären Rahmen oder einem kleinen Konzert vortragen, spürt es, dass es anderen etwas Besonderes voraus hat. Auch das Proben oder der Auftritt mit einem Ensemble oder Orchester fördert das Selbstkonzept eines Kindes entscheidend: Beim Zusammenspiel müssen alle aufeinander hören und reagieren, beim Solo darf es etwas lauter sein, bei begleitenden Passagen ist Zurückhaltung wichtig. Ist das Werk vorgetragen, waren alle Mitspieler am Erfolg aktiv beteiligt.

Spiel als Form der Entspannung

Beobachten wir Kinder beim Spielen, können wir sehen, wie sie sich einer Sache ganz hingeben, wie sie in solchen Augenblicken völliger Versunkenheit die Zeit vergessen und individuellen Ausdruck in etwas hineinlegen. Das gilt in besonderem Maße auch für das eigene Musizieren. Vor allem jüngere Kinder neigen dazu, ihr Lieblingsstück fast unzählige Male zu wiederholen. Es kommt vor, dass sie sich beim Üben geradezu in einen Trancezustand hineinspielen. Sind Kinder schlecht gelaunt oder haben beispielsweise schulische Probleme, bietet das eigene Musikmachen für manche eine Gelegenheit, sich zurückzuziehen und sich zu besinnen, neue Kraft zu schöpfen.

Vor diesem Hintergrund überrascht es kaum, wenn Kinder auch das Musikinstrument als ein Spielzeug entdecken. Mit ihm können sie in eine andere Welt versinken, müssen sich zwar an Spielregeln halten, haben aber dennoch große Freiräume, was den eigenen Ausdruck betrifft. Dabei sammeln Kinder auf allen genannten Ebenen elementare Erfahrungen, auf die sie später als Erwachsene zurückgreifen können, wenn sie beim Spielen eines Musikinstrumentes einen Ausgleich zu beruflichen Belastungen oder schwierigen privaten Situationen suchen.

Fazit: Fördern Sie bei Ihrem Kind von Anfang an möglichst viele musikalische Erfahrungen. Je früher ein Kind mit Sprechversen, Liedern und Instrumenten in Kontakt kommt, umso vielfältiger und intensiver werden seine musikalischen Grunderfahrungen. Nur wer viele Bereiche kennen gelernt hat, bekommt die Chance, seine individuelle Musikalität entwickeln und zur Geltung bringen zu können. Schalten Sie zu Hause nicht immer nur den üblichen Lieblingssender im Radio ein, es kann ja auch mal der Klassiksender sein, der nebenbei läuft. Auch bei der CD-Auswahl sollten Sie ruhig einmal in klassische Musik investieren. Nutzen Sie auch Ihr örtliches Angebot an öffentlichen Konzerten. Es muss gar nicht immer das Meisterkonzert sein. Auch das Konzert der Musikschule oder eine Vorführung des Schulorchesters kann manchmal wesentliche Impulse auf Ihr Kind ausüben. (Auf diese Weise bekam ich meinen ersten Zugang zum Cello, das mich bis heute begleitet.)

An dieser Stelle noch eine wichtige Anmerkung: Musikalische Förderung kann und sollte nicht darin bestehen, Kindern vorübergehend eines der bunten „Plastikinstrumente“ aus dem Kaufhaus zu schenken. Ein angemessener Einstieg in das aktive Musizieren können sie auf keinen Fall sein. Handhabung und Klangqualität entsprechen nicht dem musikalischen Spielbedürfnis der Kinder. Die erzeugten Töne lassen sich musikalisch nicht vielseitig genug gestalten. Diese Instrumente sind musikalisch zu unflexibel, sind zu primitiv; das merken Kinder sehr schnell. Die musikalische Neugier ist sehr schnell erschöpft. Das Interesse am eigenen Musikmachen wird für lange Zeit unterbrochen.

Jetzt geht's los: Was Sie über Instrumentalunterricht wissen sollten

Ist der Entschluss gefasst, dass Ihr Kind Instrumentalunterricht erhalten soll, stellen sich meist ganz praktische Fragen. Woher soll man wissen,

– ob das Kind bestimmte musikalische oder körperliche Voraussetzungen erfüllen muss,
– ob vor dem Instrumentalunterricht der Besuch eines Kurses der Musikalischen Früherziehung erforderlich ist,
– ob das gewählte Instrument für das Kind überhaupt geeignet ist,
– wie man ein geeignetes Instrument beschafft,
– wo guter Unterricht angeboten wird,
– woran man den „guten“ Lehrer bzw. die „gute“ Lehrerin erkennt,
– ob das Kind zum Gruppen- oder Einzelunterricht angemeldet werden soll?

Diese und andere Fragen sollen im nun folgenden Teil des Buches beantwortet werden.

Voraussetzungen

Der musikalische Enthusiasmus des Kindes ist entscheidend

Manche Kinder, die ein Instrument spielen wollen, bringen schon die entscheidenden Voraussetzungen mit, wenn sie sich selbst für ein bestimmtes Instrument entscheiden. Eine bessere Ausgangsposition für den musikalischen Lernprozess kann es nicht geben. Psychologen sprechen hier von der „intrinsischen" Motivation, die aus einem selbst, von innen heraus kommt. Ihr wird große Bedeutung beigemessen, weil sie der Motor ist, der uns langfristig antreibt. Intrinsische Motivation resultiert aus der Sache selbst. Dabei erlebt jemand das, womit er sich gerade beschäftigt oder eine Lernsituation selbst als spannend und herausfordernd. Ein musikalisches Beispiel: Spielt jemand ein Musikinstrument, weil ihm der Klang des Instrumentes besonders gut gefällt oder weil er mit seinem Instrument ein ganz bestimmtes Musikwerk spielen möchte, sagt man: er ist von sich aus (intrinsisch) motiviert. Daher muss hier nicht ausdrücklich von außen nachgeholfen werden – zumindest im Idealfall. Kommt dagegen der entscheidende Impuls zum Musizieren von außen, weil jemand z. B. den Eltern damit eine Freude bereiten möchte, er bei anderen Anerkennung sucht oder sogar einen bestimmten sozialen Status damit erreichen möchte, spricht man von „extrinsischer" Motivation. Sie muss mit der Sache direkt nicht unbedingt etwas zu tun haben. Hier steht ein sachexternes Ziel im Vordergrund, eine Belohnung, eine besondere Anerkennung. Das Motiv hat mit Musikalischem direkt nichts zu tun. Auch das versprochene Eis oder die Süßigkeit, wenn das Kind geübt hat, ist ein typisches und auch verbreitetes Beispiel für extrinsische Motivation.

Soweit die Theorie der Motivationspsychologie. Bei den genannten Beispielen handelt es sich um Extremfälle. Die Praxis zeigt, dass ein Kind niemals nur intrinsisch oder nur extrinsisch motiviert sein kann, zumindest nicht über einen längeren Zeitraum. Jeder braucht zwischendurch neue Impulse. Wir müssen uns immer wieder vor Augen führen, welcher Einsatz nötig ist bzw. wie lange es dauert, bis auf dem Instrument die Töne sauber und schön klingen, bis ein Musikstück oder nur eine Passage von vorn bis hinten einwandfrei gelingt. Da ist es nur allzu verständlich, wenn der musikalische Enthusiasmus des Kindes auch einmal nachlässt, es sich nicht täglich zum Üben aufraffen kann. Manchmal ist es dann das Stück Schokolade, das die Motivation des Kindes zum Üben wieder in Gang setzt. Und es muss gar nicht lange dauern, bis das Musikalische wieder im Mittelpunkt steht. Das heißt, intrinsische und extrinsische Motivation vermischen sich in der Praxis häufig. Sie sollten als Eltern in diesem Zusammenhang zunächst nur bedenken, dass aus psychologischer Sicht die ursprüngliche Motivation zum eigenen Musikmachen möglichst vom Kind ausgehen sollte. Das Kind sollte sich sein Instrument selbst aussuchen dürfen; viele Instrumente lassen sich vorübergehend gegen Mietgebühr ausleihen! Generell gilt nämlich: Sobald neben dem individuellen Motiv und entsprechender Neugier eigene Verantwortung mit ins Spiel kommt, entsteht unmittelbar intrinsische Motivation (vgl. dazu den „Motivationszirkel", S. 153). Hat sich das Kind also selbst das Instrument ausgesucht, wird es auch Verantwortung übernehmen und die nötige Kraft und Ausdauer zum Üben einsetzen.

Wie Sie als Eltern ihre Kinder bei Motivationskrisen sinnvoll unterstützen können, wird am Schluss dieses Buches noch ausführlich besprochen (vgl. S. 155 ff.). Hier soll es zunächst nur um die Frage der Voraussetzungen gehen. Grundsätzlich gilt: Das Musikalische an der Musik, der musikalische Enthusiasmus ist es, was Kinder langfristig motiviert. Damit Ihr Kind Spaß am eigenen Musikmachen bekommt und behält, sollten Sie dafür sorgen, dass es möglichst viele Instrumente zu sehen und zu hören bekommt, beispielsweise bei Kinderkonzerten oder beim „Tag der offenen Tür" in der Musikschule. Ich denke, dass jedes Kind so viel Musikalität mitbringt, hier die richtige Wahl zu treffen.

Diese Frage ist kaum zu beantworten. Noch vor einigen Jahren hat man geglaubt, dass ein möglichst früher Beginn des Instrumentalunterrichts ideal sei. Das ist grundsätzlich richtig. Wesentliche Vernetzungen im Gehirn, die vor allem die musikalisch-künstlerische Grundausstattung bilden, finden bis zum Vorschulalter statt. Das, was in diesen Jahren angelegt wird, bleibt, wie bereits ausgeführt, lebenslang erhalten. Hier wird die entscheidende Basis für eine ausgeprägte musikalische Wahrnehmungs- und Empfindungsfähigkeit gelegt. Geht es aber darum, diese Fähigkeit auch auf dem Musikinstrument hörbar zu machen, d.h., motorisch umsetzen zu können, müssen Einschränkungen gemacht werden. Kinder im Vorschulalter haben größere Schwierigkeiten in der Koordination fein- und grobmotorischer Bewegungen auf dem Instrument als beispielsweise Kinder im Grundschulalter. Ihre Finger haben in der Regel noch nicht die nötige Kraft und Spannweite, um beispielsweise die Saiten auf einem Streichinstrument oder der Gitarre optimal herunterzudrücken.

An sich befinden sich Kinder im Alter ab sechs Jahren in einem Stadium besonders günstiger Lernvoraussetzungen. Das Grundschulalter ist für das Erlernen der meisten Instrumente besonders gut geeignet, weil Kinder in diesem Alter in motorischer wie geistiger Hinsicht in der Lage sind, verschiedene Aspekte mehr oder weniger gleichzeitig bewusst miteinander koordinieren zu können. Sie sind also in der Lage, gleichzeitig Noten zu lesen, das Instrument richtig zu halten, die Töne zu treffen und den Takt zu halten. Trotzdem muss in jedem Fall auf den individuellen Entwicklungsstand des Kindes geachtet werden. Manche Kinder sind mit fünf Jahren schon recht geschickt mit ihren Fingern und können sich schon gut auf das Wesentliche konzentrieren, andere Kinder können es erst mit sieben oder acht.

Der *entscheidende* Auslöser für den Beginn des Instrumentalunterrichts sollte die Motivation des Kindes für ein bestimmtes Instrument sein. Einerseits sind Kinder bekanntlich recht spontan. Andererseits sind sie meist sehr ausdauernd, wenn es darum geht, einen besonderen Wunsch durchzusetzen. Das kann auch für die Wahl eines Musikinstrumentes gelten. Insofern sollten Sie sich bezüglich musikalischer Wünsche Ihres Kindes und Initiativen Ihrerseits zunächst ruhig eher zurückhalten. Wenn Ihr Kind aber noch nach einigen Monaten immer wieder von seinem (Traum-)Instrument anfängt, sollten Sie aktiv werden. Hat sich Ihr Kind für ein bestimmtes Instrument entschieden, sollten sich Mittel und Wege finden lassen, ihm diesen Wunsch zu erfüllen, statt zu versuchen, ihm Alternativen einzureden. Wünscht es sich sehnlichst ein Cello, ist es mit einer Geige nicht getan! Nehmen Sie die Wünsche Ihres Kindes ernst – auch wenn Sie glauben, es besser zu wissen. Selbst wenn aus dem Erbe der Großmutter ein noch so schönes Klavier zur Verfügung steht, sollen die Neigungen Ihres Kindes ausschlaggebend bleiben. Für den Fall, dass Ihr Kind schon sehr früh eine entschiedene Zuneigung zu einem bestimmten Instrument fasst: Inzwischen gibt es von den meisten „großen" Instrumenten auch kleine Ausführungen, die auf die physiologischen Bedingungen kleiner Kinder abgestimmt sind und einen frühen Beginn ermöglichen.

Aus Erzählungen und Memoiren der großen Interpreten wissen wir, dass ein früher Beginn auf Instrumenten in Einzelfällen durchaus möglich ist. Die Violinvirtuosin Anne-Sophie Mutter hatte bereits mit drei Jahren ihre erste Geige in der Hand, Mstislav Rostropowitsch sein erstes Cello mit vier. Leicht werden diese Geschichten damit abgetan, dass es sich hier ja um musikalische Wunderkinder handele. Eine ähnliche Meinung habe ich selbst vertreten, als ich noch an verschiedenen Musikschulen Cellounterricht gab. Seinerzeit war ich der festen Auffassung, dass die traditionellen Musikinstrumente für Kinder noch gar nicht geeignet seien. In erster Linie hatte ich physiologische Bedenken. Als damals Eltern von 4- und 5-jährigen Kindern bei mir anfragten, ob ihre Tochter oder ihr Sohn mit Cellounterricht anfangen könnte, plädierte ich dafür, noch zwei Jahre zu warten und das Kind zunächst einen Kurs der Musikalischen Früherziehung besuchen zu lassen.

Aus dem Abstand sehe ich es heute anders. Vor einiger Zeit war ich sogar selbst Betroffener, als unsere seinerzeit 3-jährige Tochter Antonia unmissverständlich zum Ausdruck brachte, unbedingt Cello spielen zu wollen. Was tun? Als sie auch nach mehreren Wochen noch drängelte, fuhr ich mit ihr zum Geigenbauer. Dort stand ein Achtel-Cello; es passte ihr und wir liehen es aus – mit der Verpflichtung, es nach Ablauf eines Jahres zu kaufen. Antonia wollte unbedingt dabei bleiben. Entgegen meinen Erwartungen war sie sogar recht geschickt darin, mit ihren kleinen Fingern die Stahlsaiten herunterzudrücken und gleichzeitig den Bogen gerade über die Saiten zu führen. Von großen Lernfortschritten konnte dabei zwar nicht die Rede sein, denn ihr reichte es über Monate hinweg, beispielsweise „nur" über die leeren Saiten zu streichen. Und sie hatte jedes Mal großen Spaß daran.

Wichtig ist in diesem Zusammenhang Folgendes: Ein früher Beginn sollte nicht ausdrücklich von Ihnen forciert werden, zumindest, wenn damit gleich bestimmte Ansprüche an die Leistung des Kindes mit ins Spiel kommen. Ich halte es für sehr bedenklich, das Kind zu früh auf die Bahn eines technisch orientierten Lernens zu bringen. Diese für das Kind neue Lernform könnte sich auf andere Bereiche übertragen. Dann besteht das Risiko, dass Ihr Kind das Phantasieren, das Malen, das zweckfreie Spielen aufgibt. Kinder sind von Natur aus neugierig, das gilt auch für die Beschäftigung mit Musik. Wichtig ist, dass die kindliche

Neugier weiter angeregt und so gelenkt wird, dass die kindliche Spielfreude dabei nicht gehemmt, sondern gefördert wird. Kinder haben noch lange genug Zeit, vorwiegend zielorientiert und konzentriert zu lernen und zu arbeiten. Darum sollten wir bis zum sechsten Lebensjahr dem Kind überlassen, seine eigene Art der Weltauffassung zu entwickeln, die ihm erlaubt, seine Eindrücke seelisch und geistig zu verarbeiten. Es braucht Zeit, Bilder zu entwerfen, die ihm die Welt und ihre Ordnung, die Freiheit und das Leben sinnvoll erklären. Wir sollten das Kind behüten und ihm gleichzeitig Freiraum lassen; wir sollten unsere Hilfe anbieten, unterstützen und ermutigen. Wir sollten aber nicht versuchen, dem Kind die Suche nach Wert und Sinn abzunehmen.

Bedenken sollten Sie in diesem Zusammenhang aber, dass es bei einem zu frühen Beginn mit Instrumentalunterricht passieren kann, dass Wunsch und Wirklichkeit bei Ihrem Kind noch zu sehr auseinander klaffen, insbesondere dann, wenn noch zu viele technische Hindernisse dem Greifen oder Streichen einzelner Töne im Wege stehen. Lässt der Erfolg auf sich warten, besteht die Gefahr, dass Ihr Kind bald wieder aufgibt.

Schließlich noch ein Hinweis: Häufig denken Eltern gerade in den Tagen der Einschulung darüber nach, ihr Kind auch zum Instrumentalunterricht anzumelden. Ich möchte zu bedenken geben, dass die Einschulung für ein Kind eine große Umstellung bedeutet und sehr anstrengend sein kann (sie müssen sich auf verschiedene Lehrer und neue Kinder einstellen, auf die Lernsituation in der Schule etc.). Daher empfehle ich, Kinder in solchen Fällen möglichst etwa ein halbes Jahr vor oder nach der Einschulung mit dem Instrumentalunterricht beginnen zu lassen. Auf diese Weise werden sie nicht durch zu viele neue Verpflichtungen auf einmal überfordert, sondern können sich schrittweise daran gewöhnen.

Müssen zum Musikmachen bestimmte (körperliche) Voraussetzungen erfüllt sein?

An sich gibt es kein Instrument, das keine oder geringe psychomotorische Anforderungen stellt. Aber es wäre falsch, hier Faustregeln aufzustellen – etwa anzugeben, wie lang Finger sein müssen, um Cello spielen zu können oder wie weit sich das Handgelenk drehen lassen muss, um eine Geige zu halten. Die Maße stehen nicht in jedem Fall in einem direkten Verhältnis zu den Bewegungskräften, die zum Spielen eines Musikinstrumentes erforderlich sind. Die Beuge- und Streckkraft der Finger- und Handgelenke spielt hier ebenso eine Rolle wie psychomotorische Aspekte (Geschwindigkeit, Koordination, Unabhängigkeit der Armbewegungen, bei Bläsern auch der Lippen und Atemorgane). Bei Blasinstrumenten ist auch die Stellung der Zähne wichtig; darüber hinaus sollten die Lippen der Größe des für das Instrument notwendigen Mundstücks entsprechen.

Sind Kinder für die „großen“ Instrumente unter Umständen noch zu klein, kann je nach Körpergröße und physiologischem Entwicklungsstand vielfach mit einem kleineren Kinderinstrument begonnen werden (vgl. S. 86 ff.). Auf gar keinen Fall sollten Kinder in zu große Instrumente „hineinwachsen“. Ähnlich wie bei zu großen Schuhen wird dadurch mehr verdorben als erreicht.

Grundsätzlich sollten physiologische Gründe der Entscheidungsfindung nicht im Wege stehen. Die Bedeutung von körperlichen Eignungsmerkmalen für das Erlernen von Musikinstrumenten wird häufig überschätzt, da wirklich am Instrument interessierte Kinder eine weniger günstige physiologische Anlage eher ausgleichen können als die besten körperlichen Voraussetzungen einen Mangel musikalischer Begabung. Es ist immer wieder erstaunlich, mit welcher Geschicklichkeit Kinder manche ungünstige Ausgangslage doch in den Griff bekommen.

Das letzte Wort bei der Entscheidung für den Unterrichtsbeginn sollte aber dem Lehrer überlassen werden. Falls es für den Beginn mit dem gewählten Instrument nach Meinung Ihres Lehrers doch noch zu früh ist, weil die Arme noch zu kurz und die Zähne noch nicht richtig gewachsen sind oder die Lunge noch nicht die nötige Luft hergibt, ist es sinnvoll, zunächst ein paar Probestunden zu vereinbaren, damit Ihr Kind seine Grenzen selber erfahren kann. Es wird dann leichter einsehen, dass es unter Umständen noch warten muss.

Fazit: Bei der Wahl des Musikinstrumentes sollte die Frage des Einstiegsalters oder der körperlichen Eignung nicht im Vordergrund stehen. Ist bei Ihrem Kind die entsprechende Motivation vorhanden, will Ihr Kind (s)ein ganz bestimmtes Instrument unbedingt spielen, wird es vorläufig auch manche eventuellen Defizite bewältigen. Man muss kein Wunderkind sein, um mit fünf schon ein „richtiges" Musikinstrument spielen zu können. Hat umgekehrt Ihr Kind mit sieben, acht oder neun Jahren „sein" Instrument gefunden, ist es nicht zu spät dran. Im Gegenteil: Für die meisten Musikinstrumente ist dies das ideale Einstiegsalter, weil Kinder nun viele Bewegungsabläufe besser koordinieren und musikalisch-technische Details besser verstehen und reflektieren können. Das individuelle Lerntempo ist so verschieden, dass sogar Kinder, die erst mit 11 Jahren beginnen, es zu einem beachtlichen Niveau bringen können.

Vor dem Instrumentalunterricht zur Musikalischen Früherziehung?

Sollen Kinder schon von früh an musikalisch besonders gefördert werden, bieten Musikschulen spezielle Kurse an, wie beispielsweise Eltern-Kind-Gruppen (ab dem Säuglingsalter) oder Musikalische Früherziehung für Kinder im Vorschulalter. Der Verband deutscher Musikschulen (VdM) empfiehlt, vor dem Erlernen eines bestimmten Musikinstrumentes mit Kursen der Musikalischen Früherziehung zu beginnen, weil dadurch positive Auswirkungen auf die Entwicklung des musikalischen Ausdrucksvermögens, auf das ästhetische Verhalten, die auditive (über das Gehör gesteuerte) Wahrnehmung, die Lernbereitschaft, das Sozialverhalten und allgemein auf den emotionalen, intellektuellen und motorischen Bereich zu erwarten sind. Pädagogen gehen heute davon aus, dass Kinder bereits über eine Vielzahl an musikalischen Vorerfahrungen verfügen – durch familiäre Traditionen, Musikmedien zu Hause, im Kindergarten gemachte Erfahrungen usw. Da diese Erfahrungen aber in hohem Maße zufällig erfolgen, abhängig davon, mit welchen Anregungen die Kinder aufwachsen, dienen die Kurse der Musikalischen Früherziehung dazu, musikalische Erfahrungen im Hinblick auf instrumentalspezifisches Lernen zu kanalisieren und bewusst zu machen. Das soll aber keineswegs bedeuten, dass die Kinder in ihrer Offenheit eingeschränkt werden, ganz im Gegenteil: in diesen Kursen soll auch ihr noch verborgenes musikalisch-künstlerisches Potenzial geweckt und gefördert werden. Das heißt, wichtigstes Merkmal der in der Musikalischen Früherziehung angestrebten Musikalisierung ist die Entwicklung eines innovationsfreudigen Verhaltens, das die Sicherheit erworbener und trainierter Fertigkeiten durch die Bereitschaft zum Experiment und zu neuartigen Lösungen erweitern und beleben soll. In offenen Gestaltungsprozessen kann das Vorschulkind schöpferische Erfahrungen machen und selbstständige musikalische Entscheidungen treffen, die sowohl das Musizieren wie auch die Musikwahrnehmung positiv beeinflussen sollen. Anschauliche Vermittlung, Spontaneität und Phantasie im Umgang mit Musik stehen also obenan.

In dieser Absicht hat der Verband deutscher Musikschulen einen Lehrplan für die Musikalische Früherziehung entwickelt, der in Musikschulen recht verbreitet ist und prinzipiell vier Sachbereiche umfasst, die miteinander kombiniert sein sollten:

- *Musikpraxis:* Zu diesem Bereich gehören Singen und Sprechen, Elementares Instrumentalspiel sowie Bewegung, Tanz und szenisches Spiel. Hier wird die Stimme als ein wesentliches menschliches Ausdrucksmittel eingesetzt und bewusst gemacht. Dazu werden entsprechende Lieder nach musikalischen, textinhaltlichen und altersgemäßen Gesichtspunkten ausgewählt. Wesentliches Ziel des Elementaren Instrumentalspiels ist die aktive Erfahrung ausdrucksvoller Tongestaltung in der Verbindung von Empfindung und Vorstellung, motorischer Umsetzung und Klangergebnis. Hier steht der spielerische Umgang mit elementaren Instrumenten im Vordergrund, also Trommeln, Becken, Klanghölzern, Stabspielen, Triangel usw., wobei instrumental-manuelle Grunderfahrungen sowie Erfahrungen im ersten Zusammenspiel erworben werden: beispielsweise verschiedene Klangerzeugungen kennen lernen, mit Instrumenten in klanglich und dynamisch differenzierter Weise umgehen, einfache Formen musikalisch gestalten, auf Mitspieler reagieren usw. Da Kinder im Vorschulalter noch ein natürliches starkes Bewegungsbedürfnis haben, wird auch darauf Rücksicht genommen, indem verschiedene Bewegungsmöglichkeiten gezielt mit musikalischen Darstellungsarten kombiniert werden, beispielsweise in improvisatorisch-tänzerischen Bewegungsspielen.
- *Musikhören*: Hier soll die Aufmerksamkeit des Kindes behutsam auf ganz spezifische musikalische Besonderheiten gelenkt werden: beispielsweise bewusstes Erfassen von musikalischen Parametern (Tonhöhe, Tondauer, Tempo, Dynamik etc.). Die musikalische Umsetzung in Improvisationsaufgaben soll immer wieder den praktischen Bezug herstellen. Es wird darauf geachtet, dass es

hier nicht zu einem mechanisierten Üben isolierter Teilleistungen kommt. Das Musikhören basiert weitgehend auf dem Wiederentdecken von Vertrautem.

- *Instrumenteninformation*: Instrumenteninformation bedeutet sowohl das Kennenlernen und Umgehen mit den im Unterricht verwendeten elementaren Instrumenten als auch Informationen über Instrumente, deren Spielweise erst mit zunehmendem Alter erlernt werden kann. Die Absicht dabei ist, dass Kinder die spezifische Klangfarbe und Spielweise eines einzelnen Instrumentes bewusst erleben und – soweit sie noch keine genaue Vorstellung haben, welches Instrument sie mögen – zum Erlernen eines bestimmten Instrumentes motiviert werden. Hier geht es also darum, mit verschiedenen Musikinstrumenten vertraut zu werden: ihrer Herkunft, ihrer Eigenart, ihren Spielmöglichkeiten.
- *Musiklehre*: Dabei handelt es sich es um theoretische Grundlagen der Musik im Hinblick auf Notation, Intervalle, Formen usw., allerdings nicht durch abstrakte Vermittlung, sondern immer im Kontext der praktisch erworbenen Kenntnisse.

Der Besuch derartiger Kurse erweitert das musikalische Wahrnehmungsvermögen von Kindern; sie können über Bewegung, Malen, Singen und das Spiel mit elementaren Schlaginstrumenten bereits musikalisch etwas ausdrücken. Sie sind in der Lage, eigene musikalische Ideen zu entwickeln und praktisch umzusetzen. Sie haben ein Verständnis für die traditionelle Notenschrift erworben, viele neue Lieder kennen gelernt und – im weiteren Sinne – Erfahrungen darin gesammelt, mit anderen zusammen Musik zu machen.

Orientierungshilfen

Wenn die Wahl des „richtigen" Instrumentes noch nicht entschieden ist

Nicht alle Kinder bleiben bei ihrem ersten Instrumentenwunsch. Aber auch wenn das Kind eine sichere Wahl getroffen hat, sind es oft die Eltern, die verunsichert sind und dem Kind nicht zutrauen, ein für sie selbst unbekanntes Instrument zu erlernen. Vor diesem Hintergrund wurden in den vergangenen Jahren an Musikschulen verschiedene Orientierungskurse angeboten („Orientierungsjahr", „Instrumentenorientierungskurs", „Instrumentenkarussell" etc.). Die meisten dieser Kurse beinhalten eine Einführung in verschiedene Instrumentaltechniken an mehreren Instrumenten, die im Rotationsverfahren nacheinander kennen gelernt werden.

– Manche Musikschulen bieten ein so genanntes „Vorinstrumentenjahr" an. Hier wird Unterricht für leicht erlernbare Instrumente angeboten (z. B. Blockflöte, Keyboard, Xylophon), damit Kinder zunächst mit einfachen musikalischen Spieltechniken vertraut werden und grundsätzlich ein spielerisches Verhältnis zur Musik aufbauen, bevor es mit dem „richtigen" Instrument losgeht. Diese Kurse sind vor allem für Kinder gedacht, die für den Instrumentalunterricht noch zu jung oder zu klein sind. Beim „Instrumentenkarussell" erhalten die Kinder (zunächst) über einen Zeitraum von einem Jahr in einer Gruppe nacheinander Unterricht auf verschiedenen Instrumenten. Die Gruppen umfassen mindestens drei, höchstens aber sechs Kinder. An manchen Musikschulen wird das Angebot nach Instrumentenfamilien sortiert (z. B. nur verschiedene Streich- oder Blasinstrumente), bei anderen eher gemischt (z. B. Violine, Posaune, Schlagzeug, Klavier oder Cello, Horn, Oboe, Gitarre). Der Unterricht beginnt einmal wöchentlich zunächst mit einem ausgewählten Instrument. Nach etwa acht Wochen wird zum nächsten Instrument gewechselt. Dieses „Karussell" dreht sich so lange weiter, bis jede Gruppe bei jedem Fachlehrer Unterricht hatte.

- Darüber hinaus wird in der modernen Musikpädagogik Wert darauf gelegt, dass der Unterricht in der Frühphase möglichst vielseitig gestaltet bzw. durch andere Kurse zusätzlich ergänzt wird. In der „Musikwerkstatt" beispielsweise steht im Vordergrund, Musiktheorie mit angewandtem Musizieren zu verbinden, instrumentalen Unterricht also mit anderen Fächern zu ergänzen, beispielsweise auch mit Singkreisen, um die musikalische Vorstellungskraft bei Kindern ausdrücklich zu fördern.

Welches Instrument ab welchem Alter?

Es gibt typische „Einstiegsinstrumente", mit denen Kinder erste musikalische Grunderfahrungen sammeln können. Für 1- bis 3-Jährige eignen sich Tamburin und Klangblöcke:

Mit dem *Tamburin* kann das Kind verschiedene Geräusche und Rhythmen erzeugen, damit lassen sich sogar Geschichten untermalen. Es ist handlich, kann überall hin mitgenommen werden.

Klangblöcke sind einzelne Holzinstrumente, die jeweils einen Ton erzeugen. Mehrere Klangblöcke lassen sich als Tonleiter zu einem Xylophon zusammenfügen.

Für Kinder im Vorschulalter eignen sich Xylophon bzw. Glockenspiel und Blockflöte:

Das *Xylophon* bzw. *Glockenspiel* kann ein sinnvoller Einstieg in das aktive Musikmachen sein. Für dieses Instrument gibt es zwar keine „klassische" Spielliteratur. Der musikalische Vorteil steckt aber in anderen Details: Kinder können damit spieltechnische Grunderfahrungen sammeln.

Das Tonmaterial ist sehr übersichtlich – je länger der Stab, umso tiefer der Ton; je kürzer, um so höher. Die Tonerzeugung kann mit Auge und Ohr sofort kontrolliert werden. Es lassen sich viele bekannte Lieder mit relativ geringem Aufwand nachspielen. Musikalische Nuancierungen sind möglich: von laut bis leise, von langsam bis schnell, von kräftig bis weich. Entscheidend für Kinder im Vorschulalter ist außerdem die Möglichkeit zum eigenen Improvisieren. Kinder können mit dem Xylophon sehr kreativ umgehen. Der musikalische Erfolg tritt recht schnell ein. Beim Kauf eines Glockenspiels oder Xylophons sollte man darauf achten, dass die Klangblöcke breit genug sind, damit sie die Kinder mit dem Schlägel leichter treffen können.

Die *Blockflöte* wird häufig als Erstinstrument gewählt. Mit ihr können Kinder vielfältige musikalische Grunderfahrungen sammeln. Die Blockflöte ist – ungeachtet ihres geringen Anschaffungspreises und ihrer verhältnismäßig robusten technischen Ausführung – ein vollwertiges und künstlerisch anspruchsvolles Instrument. Die Erfahrungen, die Kinder mit ihr erwerben können, sind in der Regel gut übertragbar auf eventuelle spätere Instrumente, beispielsweise die F-Flöte oder Querflöte. Da es heute ein großes pädagogisch ausgereiftes Angebot an Unterrichtsmaterialien gerade für den Vorschulbereich gibt, ist dieses Instrument bereits für Kinder im fünften Lebensjahr gut geeignet. (Weitere Details S. 112)

Traditionelle Streichinstrumente wie Geige, Bratsche, Cello und Kontrabass werden auch in kleineren, kindgerechten Größen gebaut. Die Geige ist ein Instrument, das sich schon für 3-jährige Kinder eignet. Seit der japanische Musikpädagoge Shinichi Suzuki dieses Instrument Ende der 40er-Jahre für Kinder im Vorschulalter entdeckt und den Unterricht im Frühbereich dafür konzipiert hat, hat die Zahl derjenigen

Kinder, die schon weit vor ihrer Einschulung mit dem Geigespielen beginnen, deutlich zugenommen. Bei der nach ihm benannten Suzuki-Methode nehmen die Kinder bereits ab drei Jahren mit Instrumenten, die der Körpergröße angepasst sind, gemeinsam mit ihren Müttern an musikalischen Spielen und Übungen teil. Dennoch empfehlen viele Streicherpädagogen, frühestens im Vorschulalter mit dem Unterricht zu beginnen. Wesentliches Argument ist die besondere Koordinationsfähigkeit, die die Kinder besitzen müssen, um ein Streichinstrument fundiert erlernen zu können (die Töne müssen vor allem sauber intoniert, also feinmotorisch koordiniert werden). Inzwischen gibt es gute, klein mensurierte (d. h. in kleineren Maßen gebaute) Instrumente zu kaufen bzw. zu leihen. (Zu bedenken ist allerdings, dass diese Instrumente nicht dasselbe klangliche Volumen haben wie die großen Instrumente – sie haben also nicht den Klang, der Kindern vom Zuhören möglicherweise vertraut ist.) Während die Suzuki-Methode ohne Noten auskommt, gibt es inzwischen von heutigen Instrumentalpädagogen auch Noten-Literatur, die gerade für den Vorschulbereich sehr kindgerecht gestaltet ist. Dasselbe gilt für die Bratsche und das Cello.

Die *Gitarre* ist bei kleinen Kindern ebenfalls ein beliebtes Instrument. Viele kennen sie aus dem Kindergarten als Begleitinstrument der Erzieherin beim Singen der Kinderlieder und möchten das Gitarrenspiel selbst erlernen. Eigens gebaute kleinere Kindergitarren kommen den physiologischen Voraussetzungen der Kinder sehr entgegen, so dass auch 5-jährige Kinder durchaus schon mit dem Erlernen des Gitarrenspiels beginnen können. Das Einstiegsalter hängt letztlich von der Fähigkeit des Kindes ab, die Saiten auf der Gitarre herunterzudrücken und die Zupf- und Greifbewegungen zu beherrschen. Die mit Nylonsaiten ausgestatteten Gitarren sind bereits für kleinere Kinder geeignet.

Von Vorteil ist die Einteilung des Griffbrettes in Bünde, wodurch die einzelnen Töne nicht wie bei den Streichinstrumenten ausdrücklich noch genau intoniert werden müssen (vgl. auch S. 122).

Das *Klavier* (vgl. auch S. 102 f.) ist als Instrument in vielen Familien bereits vorhanden. Daher nutzen Kinder häufig auch von sich aus die Gelegenheit, zwischendurch immer wieder einmal (quasi im Vorbeigehen) ein paar Tasten auszuprobieren. Das heißt, auch ohne Klavierunterricht fangen häufig schon die 3- und 4-Jährigen an, mit einem Finger zu spielen, dann die Hände abzuwechseln, mit allen Fingern nacheinander, in Gegenbewegung oder parallel zu spielen. Wie von selbst machen sich die 5-Jährigen auf die Suche nach harmonischen Zusammenklängen, beginnen Motive zu wiederholen und kleine Stücke zu entwickeln. Das ist der Zeitpunkt, an dem Hilfe willkommen und Unterricht sinnvoll ist. Gleiches gilt auch für das *Keyboard*.

Beliebt ist bei Kindern heute auch das *Schlagzeug* (vgl. auch S. 126). Sobald das rhythmische Empfinden weiter entwickelt ist, kann mit dem Schlagzeugunterricht begonnen werden. Grundsätzlich ist dies bereits mit sieben oder acht Jahren möglich. Dabei ist wesentlich, ob die Kinder eine entsprechende musikalische Vorbildung mitbringen oder nicht. Wer beispielsweise vorher bereits Klavier gespielt hat, wird bessere Fortschritte bei den Melodieinstrumenten unter den Schlaginstrumenten machen (Xylophon, Marimbaphon etc.). Kleinere Kinder beginnen zunächst mit der kleinen Trommel. Die Anforderungen beim Schlagzeug sind zumeist höher als vermutet. Besonders wichtig ist eine gut ausgeprägte Fähigkeit zur Koordination der Bewegungen.

Für einige andere Instrumente, vor allem *traditionelle Blechblasinstrumente,* ist eine gewisse Wartezeit allerdings nicht zu umgehen, falls Kinder schon früh damit beginnen möchten: Experten raten hier entschieden von einem Beginn vor dem achten Lebensjahr ab. Möchten Kinder unbedingt mit Posaune, Tuba oder Saxophon anfangen, sollten sie sogar noch ein paar Jahre länger warten. Diese Instrumente können aus akustisch-physikalischen Gründen nicht kleiner gebaut werden. Um einen tiefen Ton auf dem Instrument erzeugen zu können, ist eine bestimmte Rohrlänge Grundvoraussetzung. Einige Instrumente sind häufig selbst für Kinder im Grundschulalter noch zu groß, setzen ausgewachsene Arme und Beine voraus. Generell stellen einige Blasinstrumente Anforderungen an die Physiologie der Kinder, die sie in einem sehr jungen Alter noch nicht erfüllen können. Das ideale Einstiegsalter für *traditionelle Blechblasinstrumente* liegt zwischen neun und zehn Jahren. Für Kinder, die bereits vorher damit beginnen möchten, gibt es beispielsweise kleinere Kindertrompeten, die das Kind entspannter halten kann. Beim Blasen der Töne sind vor allem die Lippen beteiligt; sie werden an das Mundstück gepresst. Dabei werden die Zähne als Widerstand benötigt. Insofern hängt das Einstiegsalter vor allem vom Zustand der Zähne ab. Das bedeutet, dass mit dem Trompetenspiel unter Umständen schon recht früh begonnen werden kann, beispielsweise schon vor dem Zahnwechsel im Alter von sechs bis sieben Jahren. Wer allerdings so früh anfängt, muss zwischendurch unter Umständen eine Pause einkalkulieren, in der sich die neuen Zähne bilden.

Oboe, Fagott und Klarinette setzen eine gewisse Größe der Hände voraus, damit die weit auseinander liegenden Klappen bewegt werden können. Günstig ist es, mit neun bis zwölf Jahren mit diesen Instrumenten zu beginnen. Das Kind sollte darüber hinaus den Zahnwechsel hinter sich haben, denn der Ton entsteht dadurch, dass man mit den oberen Zähnen das Mundstück festhält und mit der Lippe unten gegen das Blättchen drückt. Dennoch müssen Kinder heute nicht mehr unbedingt neidvoll auf ihre Geige spielenden Altersgenossen blicken: Es gibt die Möglichkeit, mit der Einschulung das Klarinettenspielen zu beginnen – auf der kleineren C-Klarinette und mit Milchzähnen!

Wie beschaffen wir das Instrument und was ist dabei zu bedenken?

Erst vom Lehrer beraten lassen, dann das Instrument anschaffen

Soll ein Instrument angeschafft werden, ist es ratsam, sich vor dem Kauf vom Lehrer beraten zu lassen. Ein technisch schlecht funktionierendes Instrument ist für Ihr Kind enttäuschend und behindert die musikalische Entwicklung. Um einen guten Start zu gewährleisten, sollten von Beginn an nur einwandfrei intonierte und funktionierende Instrumente verwendet werden. Nichts ist gerade für den Anfänger frustrierender als ein Klavier, bei dem die Mechanik der Tasten ausgeleiert ist, eine Geige, bei der der Klang auf den vier Saiten nicht ausgewogen ist oder eine Querflöte, bei der einige Klappen nicht richtig funktionieren. Hinzu kommt noch die wirklich passende Größe des Instrumentes. Gerade bei kleineren Kinderinstrumenten muss darauf noch sehr geachtet werden.

Natürlich kann Sie dabei auch der Verkäufer einer Musikalienhandlung oder der Instrumentenbauer beraten. Aber nur der künftige Instrumentallehrer Ihres Kindes kann wirklich abschätzen, ob beispielsweise gleich das 7/8-Cello angeschafft werden kann oder ob es zunächst doch noch die 3/4-Ausführung sein sollte. Außerdem kann er Ihnen bereits einen klanglichen Eindruck von dem ausgewählten Instrument verschaffen, indem er Ihnen ein paar

Passagen darauf vorspielt. Vielleicht findet er auch aus dem Angebot der zur Verfügung stehenden Instrumente ein preiswerteres als das ursprünglich vorgesehene Instrument oder sogar ein „Schnäppchen".

Instrumentallehrer kennen in der Regel die besten Wege, an ein gutes Instrument heranzukommen. Häufig können sie es auch aus ihrem Schülerkreis vermitteln, wenn sich Schüler beispielsweise ein neues Instrument anschaffen.

„Klassische" (teure) Instrumente erst ausleihen

Musikinstrumente können teuer sein, zumindest bei manchen Instrumentenfamilien. Sie müssen aber meist nicht um jeden Preis gleich angeschafft werden. Ausleihen ist eine gute Alternative. Auf diese Weise minimieren Sie die finanziellen Einbußen, falls die Wahl des Instrumentes doch nicht die richtige war. Ein bereits gekauftes Instrument lässt sich beim Händler zumeist nur mit größeren Verlusten wieder in Zahlung geben. Meist muss das Instrument überholt werden, und der Händler will schließlich auch etwas verdienen.

Es gibt verschiedene Möglichkeiten, ein Musikinstrument auszuleihen:

Musikalienhändler oder Instrumentenbauer bieten in der Regel auch den Mietkauf an: zunächst z. B. ein halbes Jahr Miete zahlen, dann kaufen und sich den gezahlten Mietpreis anrechnen lassen oder das Instrument zurückgeben und die Miete verfallen lassen.

Musikschulen stellen gegen Leihgebühr manche Instrumente zur Verfügung.

Auch in *allgemein bildenden Schulen* kann man mit etwas Glück ein Instrument ausleihen.

Vielleicht besteht sogar im *Bekannten- oder Freundeskreis* die Möglichkeit, ein zurzeit nicht genutztes Instrument auszuleihen. Es lohnt sich, hier einmal nachzufragen.

Vor der Anschaffung des Instrumentes erst einmal den Markt sondieren

Wie gesagt: Sprechen Sie vor dem Kauf eines Instrumentes mit einem Instrumentallehrer. Neben dem Besuch des Fachhandels haben Sie noch die Möglichkeit, den Anzeigenteil der örtlichen Zeitung sowie einiger Musikzeitschriften („Neue Musikzeitung“, „Das Orchester“, „Üben&Musizieren“) zu sondieren. Es lohnt sich, etwas Zeit aufzuwenden, um ein passendes und angemessenes Instrument zu einem fairen Preis zu finden. Auch das schwarze Brett in der Musikschule oder gegebenenfalls der Musikhochschule kann weiterhelfen. Selbst die Möglichkeit, über das Internet an ein schönes Instrument heranzukommen, sollte genutzt werden. Bei allen Angeboten ist aber ratsam, den Instrumentallehrer zu Rate zu ziehen. Unter Musikern ist es üblich, dass man das in die engere Wahl gekommene Instrument für ein paar Tage zum Ausprobieren unverbindlich mit nach Hause nehmen kann.

Instrumente müssen ab und zu überholt werden

Instrumente sind Gebrauchsgegenstände und müssen dementsprechend ab und zu überholt werden. Saiten müssen erneuert werden, der Bogen neu mit Rosshaaren bespannt oder die Mechanik der Klappen und Tasten überholt werden. Falls Reparaturen nötig sind, sollte unbedingt ein Fachmann beauftragt werden. Den Riss in der Geige sollten Sie nicht selbst reparieren. Auch das Auswechseln einer Klappe bei einem Blasinstrument sollte fachmännisch geschehen.

Es kann sinnvoll sein, eine Instrumentenversicherung abzuschließen

Wie gesagt: auch Musikinstrumente sind Gebrauchsgegenstände. Wenn sie beschädigt werden, kann der finanzielle Aufwand für die Reparatur recht hoch sein, und auch eine

Wertminderung kann bei einigen Musikinstrumenten zu Buche schlagen. Hier ist es ratsam, rechtzeitig eine spezielle Instrumentenversicherung abzuschließen. Instrumente sind in der Regel zwar auch im Rahmen der Hausratversicherung gegen Beschädigung und Diebstahl mitversichert. Das gilt aber nur innerhalb des Hauses und im Fall eines Einbruchs. Passiert Ihnen selbst bzw. Ihrem Kind außerhalb des Hauses ein Missgeschick oder wird das Instrument gestohlen, kommt dafür die eigens abgeschlossene Instrumentenversicherung in der Regel auf.

Unterricht in der Musikschule oder beim privaten Musiklehrer?

Instrumental- und Vokalunterricht wird in der Regel von Privatmusiklehrer/innen erteilt oder durch Instrumentallehrer/innen an Musikschulen. Im Gegensatz zu zahlreichen privaten Musikschulen wurde der Unterricht in Deutschland durch die ca. 1000 im Verband deutscher Musikschulen (VdM) zusammengeschlossenen Musikschulen maßgeblich institutionalisiert. (In der Schweiz ist es der Verband Musikschulen Schweiz VMS, in Österreich sind viele Musikschulen in einzelnen Landesverbänden organisiert; vgl. Adressen im Anhang S. 190 f.). Das Unterrichtskonzept der dem VdM angeschlossenen Musikschulen ist auf musikalische Breitenbildung ausgerichtet. Die Zielsetzung formuliert der Verband folgendermaßen: *„Mit qualifiziertem Fachunterricht will sie die Grundlage für eine lebenslange Beschäftigung mit Musik geben und ihren Schülerinnen und Schülern Möglichkeiten zum qualitätsvollen gemeinschaftlichen Musizieren in der Musikschule, in der allgemein bildenden Schule, in der Familie oder in den vielfältigen Formen des Laienmusizierens eröffnen. Besonders begabte Schülerinnen und Schüler erhalten eine spezielle Förderung, die auch die Vorbereitung auf ein musikalisches Berufs-*

studium umfassen kann." (Verband deutscher Musikschulen 2000, S. 8). Es wäre aber falsch zu meinen, die Musikschulen würden auf die besonders begabten und motivierten Schüler warten. Im Mittelpunkt der pädagogischen Arbeit steht es, alle Kinder und jedes Niveau individuell zu fördern, herauszufordern und dafür zu sorgen, dass Musik im Leben der Kinder und Jugendlichen einen zentralen Platz einnimmt.

Zur Qualitätssicherung wurden vom VdM für den in den Musikschulen angebotenen Instrumental- und Vokalunterricht instrumentalspezifische Lehrpläne entwickelt, die für Lehrer zwar nicht verpflichtend sind, aber der Orientierung dienen sollen, insbesondere im Hinblick auf die Auswahl dessen, was gespielt wird. Für diejenigen Kinder und Jugendlichen, die ihre musikalischen Fertigkeiten auf ihren Instrumenten mit anderen messen wollen, wurden die Wettbewerbe „Jugend musiziert" und „Jugend jazzt" eingerichtet. Hier können sich Kinder von der Regionalebene über die Landes- zur Bundesebene qualifizieren und entsprechende Preise gewinnen.

Um individuellen Bedürfnissen der Kinder und zeitbedingten musikalisch-kulturellen Entwicklungen gerecht zu werden, wurden neben den traditionellen Instrumentalfächern auch zeitgenössische Musikstile wie Jazz, Rock und Popularmusik in die Unterrichtsarbeit integriert. Neben den rein fachlichen, instrumentalspezifischen Aufgaben bieten Musikschulen musikalische Ensemblekurse sowie verschiedene Orchester an, in denen Kinder und Jugendliche entsprechend ihrem musikalisch-technischen Niveau mit anderen gemeinsam musizieren können. (Eine Übersicht über Internetadressen verschiedener Musikschulen sowie über Hinweise, wie Sie über das Internet Musikschulen in Ihrer Nähe finden können, ist im Anhang S. 190 abgedruckt.)

Bei der Entscheidung, ob Unterricht in der Musikschule oder beim privaten Musiklehrer genommen werden soll, sollten Sie besonders folgende Besonderheiten bedenken: Durch die Institutionalisierung sind die Musikschulen in der Lage, ein breites Angebot zur Verfügung zu stellen. Privatmusiklehrer haben natürlich nicht in dem Maße die Möglichkeit, hier äquivalente Angebote zu machen. Sie sind aber häufig sehr engagiert, beispielsweise kleinere Ensembles ihrer Schüler zusammenzustellen und ab und zu mit ihnen ein kleines Hauskonzert zu veranstalten. Privatmusiklehrer bieten den Unterricht häufig auch zu Hause bei den Schülern an. Die Qualifikation kann bei Privatmusiklehrern sehr unterschiedlich sein. Während an der Musikschule in der Regel nur musikalisch ausgebildete Lehrer eingestellt werden, kann beim Privatmusiklehrer nur die Bezeichnung „Diplom-Musikerzieher" auf die fachliche Qualifizierung hindeuten. Es handelt sich um einen geschützten Titel, der nur nach dem Absolvieren eines Studiums mit entsprechenden Prüfungen von Musikhochschulen vergeben werden darf. Da aber viele Lehrer darauf verzichten, diesen Titel zu nennen, sollten Sie sich am besten im Bekannten- und Freundeskreis nach Lehrkräften erkundigen. Zu bedenken ist auch, dass das Unterrichtshonorar bei Privatmusiklehrern tendenziell höher liegt als bei den örtlichen Musikschulen, da letztere von Städten und Gemeinden finanziell unterstützt werden.

Gruppen- oder Einzelunterricht?

Wenn Sie Ihr Kind in der Musikschule anmelden, werden Sie in der Regel nach der gewünschten Unterrichtsform gefragt: Einzel- und/oder Partner- bzw. Gruppenunterricht sind die angebotenen Alternativen. Ein Unterschied liegt im Preis: Unterricht in der Gruppe ist (natürlich) preiswerter. Dies sollte aber möglichst nicht das entscheidende Kriterium für die Wahl der Unterrichtsform sein. Jede Unterrichtsform hat ihren pädagogischen Sinn, und es sollte individuell entschieden werden. Die folgenden Überlegungen können dabei helfen.

Zunächst ein kleiner historischer Rückblick: Auch wenn heute die Formen des Einzel- und Gruppen- bzw. Partnerunterrichts in der Musikschulpraxis üblich sind, standen sie sich im pädagogischen Diskurs lange Zeit recht kontrovers gegenüber. Ein unfruchtbares Pro und Kontra führte noch in den 90er-Jahren zu einer Beschwörung des einen und zur dogmatischen Ablehnung des anderen. Die jeweiligen pädagogischen Ziele und Prämissen fielen je nach Ideologie recht unterschiedlich aus. Als Argumente gegen Gruppen- und Partnerunterricht standen hier vor allem die mangelnde individuelle Förderung des Schülers, Nivellierungstendenzen hinsichtlich spieltechnischer Leistungen und individueller Begabungsprofile sowie die Seriosität in detaillierter instrumentaltechnischer Vermittlung im Vordergrund.

Inzwischen besteht in grundsätzlicher musikalischer wie auch methodisch-konzeptioneller Hinsicht weitgehend die Auffassung, dass soziale Bedürfnisse und sachliche Unterrichtsziele in ein ausgewogenes und unterrichtspraktisches Verhältnis zueinander gebracht werden können. Einzel-, Partner- und Gruppenunterricht werden heute nicht mehr als einander ausschließende Alternativen verstanden. Dazu schreibt der Verband deutscher Musikschulen: „*Im Mittelpunkt* [dieser Konzepte] *steht der Gedanke, dass ein erlebnisreicher und interessanter Unterricht Spielräume haben muss für neue und vor allem wechselnde Lernsituationen, die dann auch abwechslungsreich sein können. Inbegriffen ist bei diesen Unterrichtsformen die Möglichkeit, die Schüler sowohl individuell im Einzelunterricht zu fördern, als auch die Vielseitigkeit eines guten Gruppenunterrichts einzubringen.*“ (Verband deutscher Musikschulen

1996, S. 13) Fest steht heute, dass gerade im Frühbereich das spielerische Lernen in Gruppen für Kinder eine gewohnte und vertraute Lernatmosphäre bietet.

So plädieren viele Instrumentalpädagogen beispielsweise dafür, vor allem jüngere Schüler zunächst in kleineren Gruppen oder im so genannten „Partnerunterricht" zu zweit zu unterrichten. Für manche Kinder ist dies ein sinnvoller Übergang nach der Musikalischen Früherziehung oder Musikalischen Grundausbildung, wo ebenfalls in der Gruppe Musik gemacht wurde. Es gibt Kinder, die bevorzugt in Gruppen oder zu zweit mit der Freundin oder dem Freund lernen. Im Vergleich mit einem oder mehreren anderen können sie ihre Fertigkeiten und Fähigkeiten besser einschätzen. Wenn die Kinder auf einem ähnlichen Niveau sind, können sie sich gegenseitig motivieren. Wenn das Niveau innerhalb der Gruppe allerdings zu uneinheitlich ist oder sich auseinander entwickelt, besteht die Gefahr, dass die schwächeren Kinder eher resignieren und die „besseren" musikalisch nicht zum Zuge kommen. Es sollte also immer wieder darauf geachtet werden, dass sich die Kinder in der Gruppe nicht über- oder unterfordert fühlen.

Rein fachlich gesehen vertreten viele Lehrkräfte die Ansicht, dass der Gruppenunterricht Raum für zusätzliche Lerninhalte bietet und manche Bereiche intensiver bearbeitet werden können, wie beispielsweise das gemeinsame Musizieren in kleinen Ensembles, was zu einer größeren Lernintensität führt. Hinzu kommt, dass Wiederholungen in spielerischem Rahmen weitaus öfter möglich sind, so dass sich Details besser einprägen. Außerdem ermüden die jüngeren Schüler nicht so schnell. Auch Formen der musikalischen Improvisation können hier sehr gefördert werden.

Beim partnerschaftlichen Lernen mit mindestens zwei, besser noch mehr Partnern wird Musik in erster Linie als Kommunikationsmedium verstanden: Die Kinder sollen *gemeinsam*, d. h. im Medium vielfältiger menschlicher Beziehungen, mit Musik und mit ihrem Instrument in Kontakt kommen und hier ihre musikalische Identität finden.

Einzelunterricht hingegen hat eine andere Ausrichtung des Unterrichts: Der Lehrer kann sich ganz persönlich mit seinem Schüler beschäftigen und auf die individuelle Persönlichkeit des Schülers eingehen, d.h. sein spezifisches Begabungsprofil, seinen aktuellen Lern- und Könnensstand, sein Lerntempo sowie seine musikalischen Interessen. Nur dieser einzelne Schüler wird angehört, wird verbessert, ihm wird ganz individuell etwas erklärt und vorgespielt. Spieltechnische Probleme lassen sich schneller und gezielter behandeln. Es kann ein umfangreicheres Repertoire erarbeitet werden. Der Lehrer kann sich ausschließlich seinem Einzelschüler widmen. Besonders empfehlenswert ist diese Unterrichtsform sowohl für sehr begabte Kinder als auch Kinder mit besonderen Lernbehinderungen.

Festzuhalten bleibt: Ausschließlicher Einzelunterricht führt zur Isolation, gemeinsames Musizieren kommt auf jeden Fall zu kurz. Gruppen- und Einzelunterricht führen damit also nicht unbedingt zu gleichen fachlichen und pädagogischen Ergebnissen, können aber je für sich genommen berechtigte und sinnvolle Ziele, Inhalte und Methoden für sich beanspruchen. Als pädagogisch und musikalisch besonders sinnvoll gilt heute eine Kombination von Gruppen- und Einzelunterricht, weil dadurch – lernpsychologisch gesehen – durch entsprechende „Vernetzungen" im Gehirn die Voraussetzungen für ein vielseitiges und flexibles Musizieren geschaffen werden.

Shinichi Suzuki hatte bereits vor vielen Jahren die Idee, Gruppen- und Einzelunterricht (insbesondere für Streicher) zu kombinieren. Im Einzelunterricht werden individuelle instrumentalspezifische Fähigkeiten gefördert, in altersgemischten Gruppen haben die Schüler Gelegenheit, zusammen zu spielen. Wesentlich an dieser Methode ist, dass fortgeschrittene und jüngere Schüler zusammengebracht werden. Die Kinder spielen unisono, also einstimmig (mit Klavierbegleitung) so weit mit, wie sie in ihrer Instrumentalschule gekommen sind; anschließend hören sie den weiter Fortgeschrittenen nur noch zu und lernen die Stücke kennen, die sie später selbst spielen werden. Darin liegt ein besonderer motivationaler Anreiz, ebenso wie in der klanglichen Wirkung beim gemeinsamen Musizieren, immerhin gewinnt der anfangs noch recht dünne Ton an Volumen.

Im Hinblick auf den Streichergruppen-Unterricht hat sich inzwischen das Unterrichtskonzept von *Paul Rolland* etabliert. Es stellt die früheste und zugleich gründlichste Methode dar: detailliert festgelegte Lernschritte, umfangreiche Lehrer-Information in Wort und Bild, Filme zu bestimmten Teilgebieten des Unterrichts mit begleitenden Kommentaren, spezielle fortschreitend angeordnete Unterrichtsliteratur; für 8-10 Jahre zugeschnitten.

Sheila Nelsons Modell richtet sich bereits an 3-jährige Schüler. Ihr Unterrichtswerk ist für verschiedene Besetzungen und Unterrichtssituationen konzipiert, aus deren Material der Lehrer auswählen und es mit eigenen Ideen verbinden soll. So kann bei Nelson weniger von einer Methode als von einem wandlungsfähigen Modell des Gruppenunterrichts gesprochen werden. Im Vordergrund steht hier die spielerische Auseinandersetzung.

Das von *Wolfgang Hartmann, Rudolf Nykrin* und *Hermann Regner* herausgegebene Unterrichtskonzept „Musik und Tanz für Kinder – Wir lernen ein Instrument" sieht eine Kombination von Einzel- und Gruppenunterricht vor. Es liegt für viele traditionelle Instrumente vor. Hier werden Aktivitäten wie Hören und Verstehen, Improvisieren und Komponieren sowie Singen und Bewegen in den Lernprozess integriert. Wesentlich ist der ausdrückliche Appell an die Kreativität beider Unterrichtspartner – die der Schüler ebenso wie die des Lehrers. Hier wird nicht – wie in zahlreichen herkömmlichen Instrumentalschulen – Schritt für Schritt vorgeschrieben, wann das Kind welche Griffe, Töne oder rhythmische Phänomene lernen soll. Ebenso findet sich z. B. kein isolierter Rhythmus- und Notenlehrgang. Wohl aber gibt es viele Spiele und Übungen, die sich an die Fähigkeiten der Kinder anpassen und ihrem Lerntempo entsprechend differenzieren lassen. Zugleich geben die Materialien auch den unterschiedlichen Interessen und methodischen Vorlieben des Lehrers einen beträchtlichen Raum, so dass hier ein lebendiger und offener Unterricht stattfinden kann.

In diesem Sinne existieren inzwischen an vielen Musikschulen verschiedene Modelle bzw. Angebote, die sich bereits erfolgreich etabliert haben. Der Verband deutscher Musikschulen zieht dazu folgendes Resümee: „*Etliche Musikschulen machen erfolgreich Erfahrungen mit neuen Modellen der Unterrichtsorganisation, mit denen das oft beklagte, doch gewohnte Raster der althergebrachten Stundentafel in pädagogisch kreativer Weise überformt und durchbrochen werden kann. ... In dieser Hinsicht haben die Modelle der Kombination von Einzelunterricht und Gruppenunterricht einen eigenen pädagogischen Rang.*" (Verband deutscher Musikschulen 1996, 13)

Jedes Instrument ist besonders – ein Überblick

Ob die Wahl des „richtigen" Instrumentes entschieden ist oder nicht: Der folgende Leitfaden soll Ihnen dabei behilflich sein, sich ein besseres Bild über die einzelnen Instrumente machen zu können. Er ist aber nur als erste Informationshilfe gedacht, für weitere Details sollten Sie mit einem Lehrer für das jeweilige Instrument sprechen. Im Vordergrund stehen hier Hinweise zum Einstiegsalter, zu eventuellen optimalen körperlichen Voraussetzungen, zu musikalischen Einsatzmöglichkeiten als Solo- oder Ensemble- bzw. Orchesterinstrument, zu Anschaffungskosten sowie Empfehlungen zu herausragenden, hörenswerten Werken.

Klavier

Kaum ein anderes Instrument bietet solch eine Vielfalt an Möglichkeiten wie das Klavier: die Bandbreite reicht vom kleineren Solostück bis zu den vielfältigsten Besetzungen. Stilistisch sind fast keine Grenzen gesetzt. Ob klassische Werke oder Rock-, Pop- und Jazzstücke: Das Klavier kann sehr vielseitig genutzt werden. Die Musikverlage stellen heute ein sehr vielfältiges Angebot zur Verfügung. Allerdings zeigt die Realität, dass Klavierspieler eher selten Gelegenheit zum gemeinsamen Musizieren mit anderen haben. Häufig ist die Begleitstimme noch zu schwierig oder musikalisch zum Einüben nicht attraktiv. Im Klassen- oder Schulorchester ist ein Mitmusizieren somit auch nur selten möglich.

Für das Erlernen des Klavierspiels gibt es keine besonderen physiologischen Bedingungen wie etwa bei Blasinstrumenten. Auch die kleine Kinderhand ist imstande, die Tasten herunterzudrücken. Das ideale Einstiegsalter lässt sich kaum präzise bestimmen. Schon im Alter von 3 – 5 Jahren können Kinder mit dem Klavierspielen beginnen, vorausgesetzt, sie werden nicht zu früh beispielsweise durch Notenlesen überfordert. Wichtig ist daher bei einem frühen Beginn, dass Sie einen Lehrer finden, der im Unterrichten von Kindern im Vorschulalter genügend pädagogische Erfahrung hat.

Recht verbreitet ist der Einstieg mit 6 – 9 Jahren. Schon nach wenigen Unterrichtsstunden gelangen Kinder im Allgemeinen zu recht befriedigenden musikalischen Ergebnissen.

Neben den traditionellen mechanischen Klavieren werden heute von Musikgeschäften auch E-Pianos angeboten. Bei diesen Instrumenten werden die Töne elektronisch erzeugt; durch entsprechende Gewichtung der Tasten ist ein recht flexibler Anschlag möglich. Der Klang wird über Lautsprecher oder Kopfhörer wiedergegeben.

Die Anschaffungskosten können sehr unterschiedlich sein: Einsteiger-Klaviere sind ab 2500 Euro erhältlich, ein E-Piano ab 1500 Euro. Beim Kauf eines gebrauchten Instrumentes aus Privathand sollte unbedingt fachlicher Rat hinzugezogen werden. Transportkosten und das Stimmen des Instrumentes müssen eventuell ebenfalls einkalkuliert werden. Im ersten halben Jahr ist auch die Miete eines Klaviers empfehlenswert. Die gezahlte Miete wird in den meisten Fällen später auf den Kaufpreis angerechnet. Grundsätzlich sollte man Billig-Angeboten gegenüber skeptisch sein. Instrumente, die von der Norm abweichen (z.B. durch einen Umfang der Tastatur von weniger als sieben Oktaven, Stimmung weit unter der Normalstimmhöhe von 440 Hz etc.), sollte man nicht in Betracht ziehen.

Falls Sie sich einen Eindruck von herausragenden Werken für Klavier verschaffen wollen, hier einige Hörbeispiele:

J. S. Bach: zwei- und dreistimmige Inventionen
W. A. Mozart: Klaviersonaten
R. Schumann: Abegg-Variationen
J. Brahms: Ungarische Tänze

Keyboard

Beim Keyboard handelt es sich um ein rein elektronisches Musikinstrument. Im Wesentlichen wird es für Pop-Musik eingesetzt. Es existieren zumeist keine Originalwerke für das Keyboard, wohl aber eine Vielfalt an bearbeiteten Stücken. Das Komponieren von eigenen Songs ist gut möglich, weil die meisten Modelle über einen Datenspeicher verfügen, mit dessen Hilfe Melodien beliebig häufig wiederholt und weiterentwickelt werden können. Weil das Keyboard mit einem Computer verbunden werden kann, ergibt sich die Möglichkeit, komplette MIDI-Playbacks abzuspielen und zu bearbeiten.

Klavierkenntnisse sind vorteilhaft, aber nicht Bedingung. Es gibt Modelle mit kleineren Tasten, so dass Kinder damit bereits ab dem 5. Lebensjahr beginnen können. Soll das Keyboard auch im Hinblick darauf angeschafft werden, später das Klavierspiel zu erlernen, empfiehlt es sich, beim Kauf auf eine gewichtete Tastatur in Normalgröße zu achten, damit es möglich ist, je nach Druck auf die Tasten lautere und leisere Töne zu spielen. Grundsätzlich ist bei der Anschaffung eines gebrauchten Instrumentes zu beachten, dass die technische Entwicklung gerade im Bereich der elektronischen Tasteninstrumente rasant fortschreitet und deswegen ein nur wenige Jahre altes Instrument technisch völlig überholt sein kann.

Die Anschaffungskosten beginnen bei 300 Euro, können aber auch, je nach Möglichkeiten für besondere klangliche Effekte, leicht mehrere Tausend Euro betragen; für die monatliche Miete müssen ca. 25 Euro einkalkuliert werden.

Orgel

Der Wunsch, Orgel zu spielen, ist bei jüngeren Kindern eher selten. Mit dem Unterricht können zwar Kinder im Grundschulalter beginnen; das Orgelspiel erfordert aber ein größeres Koordinationsvermögen als bei anderen Tasteninstrumenten. Insofern setzt der Beginn an der Orgel elementare Fähigkeiten im Klavier- oder Keyboardspiel voraus.

Die Anschaffungskosten für eine Orgel beginnen bei ca. 1000 Euro. Organisten empfehlen für den Unterricht mindestens eine zweimanualige Pfeifenorgel mit selbstständigem Pedal und möglichst mechanischer Spielfraktur.

Hörempfehlungen:
G. Fr. Händel: Orgelkonzerte
J. S. Bach: Orgelbüchlein

Violine

Mit dem Violinspiel kann durchaus ab drei Jahren begonnen werden, aber möglichst nur, wenn dies der ausdrückliche Wunsch des Kindes ist. Violinpädagogen weisen darauf hin, dass die Größe der Hand, die Länge der Finger oder die allgemeine Konstitution für die Eignung eine gewisse Rolle spielen. Diese Voraussetzungen sind aber – sofern keine deutlich ausgeprägte Anomalie vorliegt – nicht so entscheidend wie das natürliche Verhältnis des Kindes zum Instrument, seine Freude gerade an dessen Klang und ein gutes Gehör.

Als ideales Einstiegsalter gelten 7 – 9 Jahre, da die für das Geigenspiel nötigen Bewegungsabläufe gerade in diesem Alter besonders gut erlernt und miteinander koordiniert werden können. Geigen werden in ganz verschiedenen Größen gebaut. Das kleinste Modell ist die Achtel-Geige (für ca. 3- bis 5-jährige Kinder geeignet). Kinder können sich je nach Körpergröße durch die einzelnen Geigengrößen „hindurchspielen“: die Viertel-Geige (für ca. 5 – 7 Jahre), die halbe Geige (für ca. 8 – 9 Jahre), die Dreiviertel-Geige (für ca. 10 – 11 Jahre) und schließlich die ganze Geige (ab ca. 12 Jahre). Die heutigen Lehrmethoden sind so weit entwickelt, dass eine entsprechende Unterrichtsliteratur einen frühen Anfang auf der Geige auch aus pädagogischer Perspektive sinnvoll erscheinen lässt.

Geige spielen erfordert eine Vielzahl an komplexen Bewegungsabläufen, die direkten Einfluss auf das klangliche Resultat haben. Jede kleinste Veränderung der rechten Hand beim Bogenstreichen (wie beispielsweise der Druck des Bogens auf die Saiten) oder der linken Hand beim Greifen der Töne wirkt sich unmittelbar auf die Intonation und Qualität des Tons aus. Gerade bei diesem Instrument ist ein „langer Atem" nötig, bis die Töne auch für Außenstehende wirklich „schön" klingen. Das Erlernen des Geigenspiels ist ein langer Prozess. Daher steht in den ersten Wochen das Spiel auf „leeren Saiten" (also ohne dass mit der linken Hand schon Töne gegriffen werden) im Mittelpunkt des Übens. Hier sind noch besonders viel Ausdauer und Geduld erforderlich. Da sich frühe Nachlässigkeit im Hinblick auf Haltung, Technik und Intonation recht negativ auf den weiteren Lernprozess auswirken können, ist es am Anfang sinnvoll, wenn Sie das Üben Ihres Kindes zu Hause gerade in dieser Phase aufmerksam beobachten und begleiten. Über nähere Details sollten Sie mit dem Lehrer Ihres Kindes unbedingt einmal sprechen.

Gerade weil sich der Lernprozess beim Geigespielen relativ lang hinzieht, haben zahlreiche Violinpädagogen Violinschulen und leichtere Stückesammlungen entwickelt, die den Spaß am Musizieren erhalten sollen. Viele der kleinen Stücke sind zwei- und mehrstimmig geschrieben, so dass es ratsam ist, auch im familiären Rahmen ab und zu für gemeinsame Musiziermöglichkeiten zu sorgen.

Ein Wort zur Anschaffung einer Violine: Da bei Violinen erhebliche klangliche Unterschiede auftreten können, sollte beim Kauf nicht nur auf eine möglichst gute Tonqualität, sondern ebenfalls auf gute Spielbarkeit geachtet werden. Dazu zählen vor allem eine nicht zu hohe Saitenlage, ein geringes Gewicht der Geige und ein schlanker Hals.

Das Preis-Limit sollte nicht unter 400 Euro liegen, da die klanglichen Möglichkeiten gerade bei kleineren Instrumenten noch recht begrenzt, somit für Kinder nicht sehr motivierend sind. Nach oben bestehen fast keine Grenzen. (Für hochwertige Instrumente kann man sehr viel Geld ausgeben. Auch für Schüler, die bereits fortgeschritten sind und mit ihrem Instrument sogar schon öffentlich auftreten, sollte aber eine Geige nicht mehr als 8000 Euro kosten.) Ein Kasten für den Transport sowie ein Bogen müssen zusätzlich einkalkuliert werden. Mietpreise beginnen bei etwa 20 Euro/Monat.

Einige Hörbeispiele für herausragende Violinwerke:
J. S. Bach: Air aus Suite D-Dur
G. Tartini: Teufelstriller-Sonate
A. Corelli: Sonaten
L. v. Beethoven: Konzert f. Violine u. Orchester D-Dur op. 61
J. Brahms: Violinsonate Nr. 3 d-moll op. 108
F. Mendelssohn Bartholdy: Konzert e-moll op. 64
P. I. Tschaikowsky: Violinkonzert op. 35
N. Paganini: Violinkonzert Nr. 1
C. Saint-Saëns: Violinkonzert Nr. 3

Viola

Die Viola tritt musikalisch kaum als Soloinstrument in Erscheinung. Wegen ihrer mittleren Stimmlage wird sie in Kammer- und Orchestermusik eher als begleitendes Instrument verwendet.

Als Einstiegsinstrument wird die Viola selten verwendet.

Die meisten Kinder beginnen mit dem Unterricht, wenn sie erste Erfahrungen mit der Violine hinter sich haben und dann ein spezifisches Interesse für den typischen tieferen, volleren und weicheren Klang der Bratsche entwickeln. Auch aus physiologischen Gründen ist es ratsam, mit dem Erlernen des Violaspiels erst etwas später zu beginnen: Die Viola ist größer und schwerer als die Violine. Durch die deswegen gestrecktere Körperhaltung beim Spiel entstehen Hebelkräfte, die eine gewisse Körpergröße und -kraft erfordern, um das Instrument angemessen beherrschen zu können. Dennoch werden heute Schülerbratschen auch in Kindergrößen angeboten, die mit Hilfe höherer Zargen und eines breiteren Korpus klanglich gute Ergebnisse erzielen. Kenntnisse im Geigenspiel sind von Vorteil, aber nicht unbedingt erforderlich.

Anfangsrepertoire und Anschaffungskosten sind ähnlich wie bei der Violine.

Als herausragende Werke empfehle ich folgende Werke, um sich einmal einen Höreindruck von diesem Instrument zu verschaffen:
J. S. Bach: Chaconne d-moll aus Partita II BWV 1004
W. A. Mozart: Symphonie Concertante KV 364
J. N. Hummel: Sonate Es-Dur op. 5 Nr. 3
P. Hindemith: Sonate op. 25, 1 für Bratsche solo

Cello

In Ensembles (z.B. Trios, Quartetten etc.), Kammer- und Sinfonieorchestern übernimmt das Cello zumeist Zwischen- und Bassstimmen, seltener Soloparts. Nach dem Vorbild der zwölf Berliner Philharmonischen Cellisten tun sich aber auch immer häufiger Cellisten zu Celloensembles zusammen. Der hier gespielte Musikstil geht häufig auch über das klassische Repertoire hinaus; Arrangements aus dem Popularbereich sind recht beliebt. Immer häufiger wird das Cello in der Popmusik verwendet; oft ist es auch als Hintergrundmusik bei Fernsehfilmen zu hören.

Ähnlich wie bei der Violine kann mit dem Cellospiel bereits mit vier Jahren begonnen werden, aber möglichst nur, wenn es der ausdrückliche Wunsch des Kindes ist. Das ideale Einstiegsalter liegt bei 7 - 9 Jahren, da - wie beim Geigenspiel - die nötigen Bewegungsabläufe gerade in diesem Alter besonders gut erlernt und miteinander koordiniert werden können. Celli werden in ganz verschiedenen Größen gebaut. 4-jährige Kinder beginnen in der Regel mit einem Achtel-Cello. Je nach Körpergröße kann bzw. sollte es in den folgenden Jahren durch ein Viertel-, Halb-, Dreiviertel- und sogar 7/8-Cello ersetzt werden. Es sollte nicht voreilig ein zu großes Instrument angeschafft werden, auch wenn dies aus wirtschaftlichen und klanglichen Gründen verständlich erscheinen mag.

Für das Erlernen des Cellospiels stehen inzwischen zahlreiche Lehrmethoden zur Verfügung. Ein erfahrener Cellolehrer kann das dem jeweiligen Alter bzw. Entwicklungsabschnitt angemessene Lehrwerk heraussuchen und anbieten.

Auch wenn das Cello in seinen Ausmaßen relativ groß ist, eignet es sich wegen der „natürlicheren" Haltung beim Spiel bereits für kleinere Kinder. Es kommt im Hinblick auf die Bogenhaltung und die Haltung des Cello-Korpus den physiologischen Bedingungen sehr entgegen. Daher sind die Fortschritte auf dem Cello im Vergleich zur Geige schneller. Es dauert zwar auch eine gewisse Zeit, bis die ersten Töne im Hinblick auf Intonation und Qualität gut gelingen, aber schon bald nach Unterrichtsbeginn sind erste zweistimmige Stücke möglich. Das Angebot an Arrangements und Spielliteratur ist heute stilistisch so vielseitig, dass Kinder musikalisch immer wieder neu motiviert werden können.

Achtel-Celli sind ab ca. 1000 Euro, ganze Celli ab 2500 Euro erhältlich. Gerade bei Anfängerinstrumenten macht sich jede Investition von weiteren 200 Euro qualitativ bemerkbar. Eine vernünftige Qualität beginnt bei 3000 Euro. Für Schüler, die bereits fortgeschritten sind und mit ihrem Instrument u.U. schon öffentlich auftreten, sollte aber ein Cello zunächst nicht mehr als 8000 Euro kosten. Für Bogen und Hülle kommen noch ca. 250 Euro hinzu. Kästen sind zum Schutz vor Transportschäden generell empfehlenswert, allerdings noch nicht am Anfang. Immerhin ist ein Cellokoffer für Kinder noch recht schwer und kostet deutlich mehr als eine Hülle aus Stoff. Je nach Gewicht sind Cellokoffer ab etwa 500 Euro erhältlich; ein besonders leichter Kasten liegt bei ca. 1000 Euro. Mietpreise fangen bei etwa 20 Euro/Monat an, je nach Größe des Instrumentes. Gebrauchte Celli sind in der Regel teurer als neue.

Folgende Hörbeispiele geben einen Eindruck in herausragende, hörenswerte Cellomusik:
J. S. Bach: 6 Suiten für Cello solo
A. Vivaldi: 6 Sonaten
N. Boccherini: Cellokonzert B-Dur
J. Haydn: Cellokonzerte C-Dur und D-Dur
L. v. Beethoven: 5 Cellosonaten
Fr. Schubert: Arpeggione
R. Schumann: Fantasiestücke; Stücke im Volkston; Cellokonzert a-moll J. Brahms: Sonaten e-moll u. F-Dur
A. Dvorak: Cellokonzert h-moll
P. I. Tschaikowsky: Rokoko-Variationen (Cellokonzert)

Kontrabass

Der Kontrabass bildet in allen Orchestern ebenso wie bei kammermusikalischen Besetzungen ein wichtiges Fundament. Wegen seiner Ausmaße ist er musikalisch nicht sehr virtuos einsetzbar. Die Abstände der Töne auf dem Griffbrett sind recht groß, so dass die Finger weit gestreckt werden müssen.

Wegen der Größe des Instrumentes ist ein zu früher Beginn mit dem Kontrabassspiel kaum möglich. Viele Jugendliche beginnen etwa mit 13 Jahren; es gibt heute aber auch Kinder, die bereits mit 7 oder 8 Jahren auf einem kleiner bemessenen Instrument mit dem Kontrabassspiel anfangen. Eine eher schwächere körperliche Konstitution muss kein Hinderungsgrund sein, das Instrument bereits im Grundschulalter zu erlernen. Für Kinder im Grundschulalter gibt es Viertel, Halbe- und Dreiviertel-Bässe.

Der Anschaffungspreis für einen neuen Kontrabass beginnt bei etwa 3000 Euro, für einen gebrauchten bei ca. 3500 Euro; deutlich bessere Qualität wird ab etwa 6000 Euro erreicht. Manche Geigenbauer bieten Kontrabässe ab 30 Euro/Monat zur Miete an.

Vor allem in der Zeit der Klassik sind wunderschöne Werke komponiert worden, in denen der Kontrabass als Soloinstrument hervortritt.

Ein paar Hörempfehlungen:

D. Dragonetti: Andante u. Rondo
J. Sperger: 12 Konzerte
C. Saint-Saëns: Der „Elefant“ aus dem „Karneval der Tiere“
P. Hindemith: Sonate
S. Koussevitzki: Konzert op. 3
K. Ditters v. Dittersdorf: Konzert E-Dur
J. B. Vanhal: Konzert Es-Dur
H. W. Henze: Konzert

Die Blockflöte wird gern als Einstiegsinstrument genommen, wenn Kinder bei der Wahl ihres Instrumentes noch nicht genau festgelegt sind – nicht zuletzt wegen der relativ geringen Kosten, die für Anschaffung und Unterricht anfallen (Blockflötenunterricht erfolgt meist in der Gruppe).

Die Blas- und Grifftechnik der Blockflöte ist relativ leicht zu erlernen. Daher können Kinder auch schon recht früh mit dem Erlernen des Instruments beginnen – meist mit der C-Sopran-Blockflöte. Ihre Technik ist klar durchschaubar und somit schnell erlernbar. Jedem Griffloch ist ein Finger mit entsprechendem Ton zugeordnet. Mit jedem weiteren vom Finger abgedeckten Griffloch erreicht man einen tieferen Ton.

Da die F-(Alt-)Blockflöte etwas größer ist, klingt sie etwas tiefer. Die nächst tiefer klingende Blockflöte ist die C-(Tenor-)Blockflöte. Ihre Griffweise entspricht der C-(Sopran-) Blockflöte, allerdings benötigt man ausreichend große Finger, weil die Löcher hier weiter auseinander liegen. Die F-(Bass-)Blockflöte wird im Bassschlüssel notiert, daher müssen die Kinder hier beim Notenlesen umdenken. Gegriffen wird sie wie die F-(Alt-)Blockflöte.

Für die Blockflöte gibt es zwei unterschiedliche Griffweisen: Die so genannte „deutsche Griffweise" ist für Kinder zwar einfacher zu durchschauen und zu erlernen, die Intonation ist allerdings nicht immer ganz rein, besonders die Töne „f" und „fis" klingen leicht zu hoch. Bei der so genannten „barocken Griffweise" ist zwar die Intonation leichter zu bewältigen, die Anordnung der Töne ist aber schwerer zu durchblicken und motorisch schwieriger zu bewältigen. Da sich die Vor- und Nachteile der unterschiedlichen Griffweisen in etwa die Waage halten, sollte es letztlich dem Geschick des Lehrers überlassen bleiben, welche Methode er bevorzugt.

Die C-(Sopran-)Blockflöte wird bereits im Rahmen der Musikalischen Früherziehung eingesetzt. Ideales Einstiegsalter sind 5 Jahre. Das bedeutet aber nicht, dass dieses Instrument „nur" als einfaches Kinderinstrument eingesetzt werden muss. Es gibt durchaus anspruchsvolle Spielliteratur. Da die Blütezeit der Blockflöte die Barockzeit war, existiert aus dieser Epoche recht viel Literatur. Für das Mitspielen im Orchester gibt es kaum Gelegenheiten, es sei denn, für die Blockflöte wird eigens eine Stimme arrangiert (z. B. in Schulorchestern). Sie lässt sich jedoch gut als Ensembleinstrument in Blockflötenkreisen oder Kammermusikensembles nutzen. Inzwischen existieren viele Blockflötensätze für eine Vielzahl an Möglichkeiten des gemeinsamen Musizierens. Das Repertoire reicht von Renaissancemusik über Barock und Klassik-Arrangements bis hin zu mitreißenden Ragtimes und moderner Musik. Das Notenrepertoire ist groß und qualitativ ausgereift. Es gibt also auch schon für Anfänger ein breites Spektrum an Werken in recht unterschiedlichen Schwierigkeitsgraden. Auch die moderne Musik für Blockflöte ist empfehlenswert: Weil hier häufig Klangeffekte im Vordergrund stehen, sind diese Werke gerade für kleinere Kinder gut geeignet, die musikalisch noch sehr offen für Neues sind.

Fortgeschrittenere Spieler können ihre Fähigkeiten auch auf die größeren Flöten übertragen (Alt-, Tenor- und Bassflöte).

Verglichen mit anderen Instrumenten sind Blockflöten relativ preiswert: Eine Sopran-Blockflöte aus Kunststoff ist ab 10 Euro zu bekommen, bessere Schülerinstrumente aus Holz ab 40 Euro, hochwertige Flöten ab 200 Euro. Eine Alt-Blockflöte aus Kunststoff kostet ab 30 Euro, bessere Schülerinstrumente aus Holz 80 Euro, hochwertige Instrumente ab 300 Euro.

Folgende Werke sind empfehlenswert, wenn Sie sich einmal einen Höreindruck verschaffen wollen:

J. S. Bach: 4. Brandenburgisches Konzert
G. F. Händel: Sonaten für Altblockflöte u. Basso Continuo
A. Corelli: La Folia
G. Sammartini: Concerto in F

Querflöte

Heute gibt es kaum einen Bereich der Musizierpraxis, an dem die Flöte nicht Anteil hätte. Abgesehen von reichhaltiger Flötenliteratur vor allem aus dem 18. Jahrhundert an Flötensonaten und -konzerten sowie an Duos und Kammermusik verschiedener Besetzungen wird die Flöte auch gern im Jazz und in der Unterhaltungsmusik unserer Zeit eingesetzt.

Da die Flöte beim Spielen waagerecht gehalten werden muss, sollte das Kind so groß sein, dass es das Instrument neben sich waagerecht halten und dabei mit dem Mund an der richtigen Stelle hineinblasen kann. In der Regel ist dies für Kinder im Alter von 9 – 11 Jahren kein Problem. Für jüngere Kinder gibt es Querflöten, bei denen der Flötenkopf gebogen ist. Querflötenunterricht ab einem Alter von 7 Jahren wird zunehmend selbstverständlicher.

Die erste große Schwierigkeit besteht beim Erlernen des Querflötenspiels darin, überhaupt einen Ton zu erzeugen. Die Luft muss am Mundstück über einen ganz besonderen Winkel in das Instrument geblasen werden. Herauszufinden, wie das geht, kann etwas dauern. Gelingen aber erst einmal ein paar Töne, dann sind recht schnelle Fortschritte möglich. Günstig ist es, wenn das Kind bereits die Blockflöte spielen kann, zumal die meisten Griffe identisch sind.

Von Anfang an muss auf ein gutes Körpergefühl geachtet werden, d.h. sicherer Stand auf zwei Füßen, Bauchatmung, gerader Rücken, entspannte Schultern und Arme. Beim Flötenspiel muss sehr viel aus dem Körper heraus – von außen unsichtbar – verändert werden, um zum angestrebten Ton zu gelangen.

Die Anschaffungskosten beginnen bei etwa 400 Euro. Die Monatsmiete liegt bei ca. 25 Euro. Gebogene Mundstücke werden in der Regel allerdings nicht ausgeliehen, sondern müssen gekauft werden.

Folgende Beispiele geben ein repräsentatives Bild hörenswerter Musik für Querflöte:
J. S. Bach: Orchestersuite Nr. 2 h-moll
G. F. Händel: Flötensonate op. 1
G. Ph. Telemann: Sonate G-Dur
A. Vivaldi: Flötenkonzert F-Dur op. 10
W. A. Mozart: Flötensonate KV 13
C. Debussy: Syrinx

Oboe

Die Oboe wird insbesondere im Sinfonieorchester verwendet. Viele Oboenwerke stammen aus der Barockzeit, der Klassik und der Moderne.

Für das Erlernen der Oboe sollten bestimmte physiologische Voraussetzungen erfüllt sein, damit sich das Oboenspiel nicht nachteilig auf das Lungenwachstum auswirkt. Immerhin muss beim Spielen ein großer Luftdruck erzeugt werden. Daher wird ein Anfang auf der Oboe vor dem 10. Lebensjahr kaum möglich sein. Die Übezeit ist anfangs ebenfalls noch recht begrenzt; empfohlen wird, täglich 10 Minuten Übezeit nicht zu überschreiten, um schädigende Einflüsse auf den Körper zu vermeiden.

Schülerinstrumente sind ab ca. 1100 Euro erhältlich. Der monatliche Mietpreis beginnt bei ca. 25 Euro.

Empfehlungen zum Hören:
A. Vivaldi: C-Dur-Konzert RV 447
W. A. Mozart: Konzert KV 314
S. Prokofiew: „Ente“ aus Peter und der Wolf

Trompete

Die Trompete kann in recht unterschiedlichen Musikstilen und Epochen zur Geltung kommen, von der Renaissance durchgängig bis zur Neuzeit. Aber auch im Jazz und in verschiedenen Big Bands ist sie bekanntlich sehr beliebt. Die Trompete ist darüber hinaus eine gute Basis für alle anderen Blechblasinstrumente, von hier aus ist also ein Wechsel zur Tuba, Posaune, zum Tenor- oder Baritonhorn gut möglich.

An der Erzeugung der Töne sind bei der Trompete vor allem die Lippen beteiligt, sie werden beim Blasen an das Mundstück gepresst. Die Zähne dienen dabei als Widerstand, so dass das Einstiegsalter vor allem von ihrem Zustand abhängt. Wer bereits im „Milchzahn-Alter“ anfängt, muss zwischendurch unter Umständen eine Pause einkalkulieren, in der sich die neuen Zähne bilden. Ein unvollständiges Gebiss muss aber nicht bei jedem Kind ein Hinderungsgrund sein. Manche Kinder finden individuelle Lösungen, um trotzdem passable Töne aus dem Instrument herauszubekommen. Als ideal für den Einstieg wird das Alter zwischen 9 und 10 Jahren angesehen. Für Kinder, die bereits im Grundschulalter beginnen, gibt es auch kleinere Kindertrompeten, die das Kind entspannter halten kann.

Da die normale B-Trompete in der Regel für 6- bis 7-Jährige zu schwer und zu groß ist, müssen Alternativen gesucht werden. Je nach körperlicher Entwicklung des Kindes kann auf entsprechenden Rat des Lehrers ab dem 8. oder 9. Lebensjahr eine normale B-Trompete angeschafft werden.

Die Blockflöte zu beherrschen ist für das Erlernen der Trompete keine notwendige Voraussetzung.

Schülerinstrumente sind zwar ab 400 Euro erhältlich; empfehlenswert sind aber Instrumente um 1000 Euro. Für die monatliche Miete müssen ca. 25 Euro gerechnet werden.

Hörbeispiele:
J.S. Bach: Brandenburgisches Konzert Nr. 2 BWV 1047
A. Vivaldi: Concerto C-Dur RV 537
L. Mozart: Trompetenkonzert D-Dur
J. Haydn: Konzert f. Trompete in E-Dur

Horn

Das Horn wird vor allem im klassischen Orchester eingesetzt, und zwar in nahezu allen Epochen. Aber auch in Blasorchestern und Posaunenchören findet es Verwendung.

Ähnlich wie bei der Trompete können Kinder bereits mit 6 oder 7 Jahren mit dem Unterricht beginnen. Wenn das normale F- oder B-Horn für den Schüler noch zu groß ist, kann der Unterricht auf „Kinderwaldhörnern“ – die durch ein reduziertes Gewicht und kleinere Abmessungen für den frühen Beginn geeignet sind – angefangen werden. Leichter ist der Einstieg allerdings mit 9 oder 10 Jahren, wenn die bleibenden Zähne bereits ausgebildet sind. Vorher Blockflöte zu spielen, kann natürlich nicht schaden. Für das Erlernen des Trompetenspiels sind entsprechende Kenntnisse aber nicht notwendig.

Die Töne werden auf dem Horn ähnlich wie bei der Trompete durch Vibrieren der Lippen am Mundstück erzeugt. Da das Mundstück eng und trichterförmig ist, ist es schwieriger als beispielsweise bei der Trompete, einen sauberen und schönen Ton hervorzubringen. Hier geht es weniger um Kraft als vielmehr um Feingefühl. Das Spiel auf dem Horn kann als eine Nachahmung des Singens aufgefasst werden. Ähnlich wie beim Singen muss der zu spielende Ton immer im Voraus gehört werden, denn dadurch werden die Lippenspannung und -öffnung sowie die Atemstütze bereits entsprechend eingestellt.

Die Anschaffungskosten liegen zwischen 1000 und 5000 Euro, die monatliche Miete bei ca. 30 Euro.

Die folgende Auswahl an Hörbeispielen vermittelt einen guten Eindruck:

W. A. Mozart: 12 Stücke für Waldhörner
L. v. Beethoven: Sonate F-Dur op.17
R. Schumann: Adagio u. Allegro op.70
S. Prokofiew: „Wolf“ aus „Peter und der Wolf“
J. Brahms: Horntrio E-Dur op. 40.

Posaune

Die Posaune kann in den unterschiedlichsten Stilrichtungen gespielt werden: in Posaunenchören, im klassischen Sinfonieorchester, in sinfonischen Blasorchestern, in Blaskapellen, in Jazzbands. Posaunisten sind in vielen Ensembles sehr gefragt.

Das ideale Einstiegsalter liegt bei 12 bis 14 Jahren. Wer vorher bereits Trompete gespielt hat, wird im Ansatz gute Voraussetzungen mitbringen. Wegen der Zugtechnik ist die Posaune musikalisch nicht so beweglich wie beispielsweise die Trompete.

Eine Posaune kann ab 600 – 1000 Euro angeschafft bzw. ab 25 Euro/Monat ausgeliehen werden.

Ausgewählte Hörbeispiele:
W. A. Mozart: Posaunenakkorde in der „Zauberflöte"
L. v. Beethoven: typische Passagen in der Sinfonie c-moll
P. Hindemith: Sonate

Klarinette

Die Klarinette wird ab der klassischen Epoche in nahezu allen Besetzungen verwendet (klassisches Sinfonieorchester, Blasorchester, Jazz-Ensembles etc.).

Günstig ist es, mit 9 bis 12 Jahren mit dem Klarinettenspiel zu beginnen, weil dann die Hände groß genug sind, um die weit auseinander liegenden Klappen bewegen zu können. Außerdem sollte auch der Zahnwechsel vorüber sein: Bei der Klarinette entsteht der Ton dadurch, dass man mit den oberen Zähnen das Mundstück festhält und mit der Unterlippe gegen das Blättchen drückt. Dennoch besteht kein Anlass zum Neid auf Jüngere, die schon ein anderes Instrument recht gut spielen können: Es gibt bereits Kinder, die um die Zeit ihrer Einschulung mit dem Klarinettenspiel beginnen – auf der kleineren C-Klarinette und mit Milchzähnen. Dem Instrument lassen sich also trotz Wackelzähnen und Zahnausfällen Töne entlocken. Von höheren Stimmungen und damit noch kleineren Instrumenten (D-, Es-Klarinette) raten Klarinettisten den Anfängern allerdings ab. Die Klangvorstellungen, die auf diesen geweckt werden, weichen von der in B gestimmten Klarinette allzu sehr ab. Zu bedenken ist hier auch: Kleinere Klarinetten verlangen höheren Atem- und Lippendruck, so dass sie sich nicht für jedes jüngere Kind eignen.

Vorhergegangenes Blockflötenspiel ist vorteilhaft, da die Töne im unteren Bereich wie auf der F-(Alt-)Blockflöte gelesen und gespielt werden, im oberen Register wie auf der C-(Sopran-)Blockflöte.

Kinder lernen in der Regel zunächst sehr einfache Kinder- und Volkslieder im Fünftonbereich. Die Melodien werden dann auswendig mit der Klarinette gespielt. Werden sie immer wieder von neuen Anfangstönen aus begonnen, lernt das Kind kontinuierlich neue Töne hinzu und erschließt sich somit den Tonumfang seines Instrumentes. Parallel zum Auswendigspiel wird auch das Spiel nach Noten gelernt. Nach einem Jahr ist das Mitspielen im Anfänger-Blasorchester möglich.

Die Anschaffungskosten liegen zwischen 500 und 700 Euro, die monatliche Miete für ein Leihinstrument bei ca. 20 Euro.

Hier eine Auswahl hörenswerter anspruchsvoller Klarinettenmusik:

W. A. Mozart: Klarinettenkonzert A-Dur KV 622
C. Stamitz: Klarinettenkonzert B-Dur
R. Schumann: Phantasiestücke op. 73
J. Brahms: Sonaten 1 und 2 op. 120
S. Prokofiew: die „Katze“ aus „Peter und der Wolf“
C. Debussy: 1. Rhapsodie
P. Hindemith: Sonate

Saxophon

Das Saxophon wird vor allem im Jazz eingesetzt. Die musikalische Besonderheit bzw. Herausforderung besteht vor allem im improvisatorischen Umgang mit dem Instrument. Wahrscheinlich ist dies auch ein Grund dafür, dass sich viele Kinder und Jugendliche vom Saxophon angesprochen fühlen: Sie können unabhängig von Noten musikalisch kreativ und erfolgreich sein.

Mit dem Saxophonspiel kann zwar im Alter zwischen 6 und 8 Jahren begonnen werden, idealerweise sollte der Einstieg allerdings eher mit 11 – 12 Jahren erfolgen. Verbreitet und beliebt ist das Alt-Saxophon in Es; die Literatur für dieses Instrument ist am umfangreichsten, vor allem im Jazz. Das Sopransaxophon ist zwar kleiner als das Alt-Saxophon, es ist allerdings im Hinblick auf die Intonation der Töne schwieriger zu spielen. Das Tenor-Saxophon in B steht eine Oktave tiefer als das Sopran-Saxophon und klingt dementsprechend voluminöser; für dieses Instrument existiert aber weniger Literatur zum Musizieren.

Wer zuvor Blockflöte gespielt hat, wird schnelle Fortschritte erzielen, da die Griffe auf dem Saxophon denen der C-(Sopran-)Flöte entsprechen. Auch Kenntnisse im Klarinettenspiel sind vorteilhaft, weil die Tonerzeugung sich auf beiden Instrumenten ähnelt. Ein Wechsel von der Klarinette zum Saxophon ist recht einfach, umgekehrt ist er allerdings schwieriger.

Die Anschaffungskosten beginnen etwa bei 800 Euro, die monatlichen Mietpreise richten sich nach der Art des Instrumentes: Sopransaxophon ab ca. 30 Euro, Altsaxophon ab ca. 40 Euro, Tenorsaxophon ab ca. 50 Euro.

Hörempfehlungen:
Kompositionen von H. Berlioz, G. Bizet, D. Milhaud, M. Ravel u. a., Aufnahmen von John E. Kelly und Sigurd M. Rascher (Klassik-Saxophonisten), Michael Brecker, Klaus Doldinger, Charlie Parker und Ben Webster (Jazz-Saxophonisten).

Die Gitarre ist ein vielseitig einsetzbares Instrument. Je nach musikalischer Vorliebe kann es als Soloinstrument in der klassischen Musik ebenso verwendet werden wie im Bereich der Unterhaltungs- und Popmusik. Gebräuchlich ist die Klassik- oder Konzertgitarre, die mit Nylonsaiten ausgestattet ist. Beliebt sind aber auch die Westerngitarren, die mit sechs (manchmal auch mit zwölf) Saiten bespannt sind. Auch zum Zusammenspiel in Gitarrenensembles oder Popgruppen ist die Gitarre außerordentlich gut geeignet und bei Kindern und Jugendlichen sehr beliebt. Verbreitet sind akustische Gitarren mit Tonabnehmern, die über einen Verstärker gespielt werden und besondere Soundeffekte ermöglichen.

Ein besonderer Anreiz besteht für viele Jugendliche darin, aus den Medien bekannte Songs nachzuspielen. Bereits nach relativ kurzer Unterrichtszeit ist dies – dank zahlreicher Noten-Arrangements aus dem Pop-Bereich – in der Regel möglich. Das Gitarren-Repertoire reicht von einfachen Begleitstücken mit wenigen Akkorden bis zum anspruchsvollen Spiel klassischer Stücke.

Kindern, die in der Pubertät in eine „musikalische Krise" geraten, kann ein Umsteigen beispielsweise auf die elektrische Gitarre eine neue Perspektive bieten.

Ein Alter von 8 Jahren wird als ideales Einstiegsalter angesehen, weil dann die Feinmotorik der Finger so weit ausgereift ist, dass Fortschritte schnell spürbar werden. Viele Kinder beginnen aber auch bereits im Alter von 6 Jahren mit dem Gitarrenspiel. Speziell gebaute kleinere Kindergitarren kommen den physiologischen Voraussetzungen der Kinder sehr entgegen, so dass auch ein Einstieg mit 5 Jahren möglich ist. Das Einstiegsalter hängt letztlich von der Fähigkeit des Kindes ab, die Saiten auf dem Griffbrett herunterzudrücken und die Zupf- und Greifbewegungen zu beherrschen.

Die mit Nylonsaiten ausgestatteten Gitarren sind bereits für kleinere Kinder geeignet. Von Vorteil ist die Einteilung des Griffbrettes in Bünde, wodurch die einzelnen Töne nicht wie bei den Streichinstrumenten ausdrücklich noch genau intoniert werden müssen. Unerlässlich ist eine gute Beratung beim Kauf eines Schülerinstrumentes, das in seinen proportional verkleinerten Maßen genau der Körpergröße des Kindes angepasst sein muss.

Einsteigermodelle sind bereits ab 150 Euro erhältlich, man kann für eine hochwertigere Gitarre aber auch 2000 Euro ausgeben.

Ein paar Hörempfehlungen aus der herausragenden klassischen Spielliteratur für Gitarre:

J. S. Bach: Präludium d-moll
F. Sor: Etüden
J. Rodrigo: Concierto de Aranjuez
I. Albeniz: Asturias

E-Gitarre / E-Bass

Ein Beginn ist bereits im Grundschulalter möglich, wegen der Handhabung (Stahlsaiten, Zurechtfinden mit der elektronischen Ausrüstung) und musikalischen Anforderungen (z. B. improvisatorische Fähigkeiten) allerdings erst ab etwa dem 10. Lebensjahr empfehlenswert. Wichtig ist, ähnlich wie bei der akustischen Gitarre, eine recht gut entwickelte Feinmotorik.

Um E-Gitarre erlernen zu können, ist es nicht unbedingt notwendig, vorher die akustische Gitarre erlernt zu haben, Gitarrenlehrer empfehlen es aber. Beide sind eigenständige Instrumente, für die jeweils eine spezifische Spieltechnik ausgebildet werden muss. Das Spiel auf der E-Gitarre erfordert vor allem improvisatorische Fähigkeiten. Die in Noten fixierte Musik ist so sehr auf wesentliche Rhythmen, Akkord- und Tonfolgen reduziert, dass es sehr auf die musikalische Phantasie des Kindes bzw. Jugendlichen ankommt, um die klanglichen Effekte selbst zu erzeugen, wie sie aus der Pop- und Rockmusik bekannt sind. Popularmusik wird wesentlich synthetisch in Tonstudios hergestellt, so dass es eine besondere musikalische Herausforderung darstellt, diese Musik beim eigenen Musikmachen durch Klangeffekte so zu beleben, dass es musikalisch befriedigend wird.

Zu den Anschaffungskosten für das Instrument, die bei ca. 600 Euro beginnen, kommen Kosten für Verstärker (ab 200 Euro), Lautsprecher und eventuelle Effektgeräte. E-Gitarren können in der Regel nicht ausgeliehen werden, da viele Geschäfte so genannte „Einsteiger-“ bzw. „Startersets“ ab ca. 300 Euro anbieten (E-Gitarre, Verstärker, Kabel). Dabei handelt es sich allerdings um einfache Instrumente, die wegen ihrer beschränkten spieltechnischen Möglichkeiten und klanglichen Resultate schnell an Reiz verlieren können.

Mandoline

Die Mandoline eignet sich besonders für die Kammermusik beispielsweise in Zupforchestern. Zwar existieren für den frühen Unterricht nur wenige Originalwerke, die für das gemeinsame Musizieren geeignet sind. Häufig wird aber auf leichtere Ensemblemusik z. B. aus der Flöten- oder Violinliteratur zurückgegriffen.

Mit dem Erlernen des Mandolinenspiels kann bereits im Grundschulalter begonnen werden.

Der Anschaffungspreis für ein gutes Schülerinstrument beginnt bei ca. 400 Euro, für die monatliche Miete ist mit ca. 20 Euro zu rechnen.

Hörempfehlungen:
N. Paganini: Minuetto – Andantino – Allegro für Mandoline solo
A. Vivaldi: Konzert für zwei Mandolinen und Gitarre

Harfe

Die Harfe ist ein selten gespieltes Instrument. Hat sich aber ein Kind dazu entschlossen, Harfe zu lernen, bleibt es in der Regel sehr lange dabei, entwickelt eine Leidenschaft wie kaum auf einem anderen Instrument.

Als Einstiegsinstrument eignet sich wegen der Handlichkeit die irische Harfe, danach geht es mit der Einpedalharfe oder der Konzertharfe weiter. Sie ist sowohl für das Solo- als auch für das Ensemblespiel und die Kammermusik geeignet. Mit dem Harfenunterricht kann im Alter von 8 Jahren begonnen werden; manche Lehrer beginnen bereits mit 6-jährigen Kindern. Die Auffassung, wonach Harfenspieler lange und zarte Finger benötigen, trifft nicht zu. Eine kräftige Hand mit starken Fingern ist dagegen wichtig, da das Zupfen anstrengend ist. Um auf dem Harfenspiel ein höheres Niveau erreichen zu können, ist eine gute Koordinations- und Konzentrationsfähigkeit wichtige Voraussetzung.

Der Anschaffungspreis beginnt bei ca. 2000 Euro für eine Hakenharfe, 4500 Euro für eine Einfachpedalharfe, ab 9000 Euro für eine Konzertharfe; für eine irische Harfe als

Einstiegsinstrument muss man mit ca. 1000 Euro rechnen. Mietpreise für eine irische Harfe beginnen bei 25 Euro pro Monat.

Hörempfehlungen:
C. Dittersdorf: Harfenkonzerte
C. Donizetti: Harfensonate
N. Ch. Bochsa: Fantasie für Harfe solo
G. Rossini: Andante con Variazioni für Flöte und Harfe

Schlagzeug / Schlaginstrumente

Sobald das rhythmische Empfinden bei Kindern gut entwickelt ist, kann mit dem Schlagzeugunterricht begonnen werden. Grundsätzlich ist dies bereits mit 7 oder 8 Jahren möglich. Dabei ist wesentlich, ob die Kinder eine entsprechende musikalische Vorbildung mitbringen oder nicht. Wer beispielsweise vorher bereits Klavier gespielt hat, wird bessere Fortschritte bei den Melodieinstrumenten unter den Schlaginstrumenten machen (Xylophon, Marimbaphon etc.).

Kleinere Kinder beginnen zunächst mit der kleinen Trommel. Die Anforderungen beim Schlagzeug sind zumeist höher als vermutet. Besonders wichtig ist eine gute motorische Koordinationsfähigkeit. Zum Schlagzeug fühlen sich vor allem Kinder hingezogen, die gern den ganzen Körper beim Musikmachen einsetzen. Ein Hörschutz sowie ein Übungsbrett, d. h. ein Instrument ohne Resonanzkörper, sind sehr empfehlenswert.

Im klassischen Orchester werden Kesselpauken, Triangeln, Becken, Schellen verwendet. In der Popularmusik ist das Schlagzeug das Basisinstrument.

Um vor allem die Übe- und Lernmotivation der Kinder zu erhalten, ist es sinnvoll, Gelegenheiten zu schaffen, bei denen gemeinsam mit anderen Ensemblestücke eingeübt werden können.

Die Anschaffungskosten für ein Startset beginnen bei ca. 500 Euro, zusätzliche Instrumente können sukzessive angeschafft werden. Man sollte für ein Schlagzeug etwa 750 bis 1000 Euro einkalkulieren; ein Übungsbrett kostet 10 Euro. Ab 25 Euro/Monat kann ein Schlagzeug gemietet werden.

Akkordeon

Die musikalischen Einsatzmöglichkeiten des Akkordeons liegen wesentlich im Bereich der Volks-, Tanz- und Unterhaltungsmusik, neuerdings auch im Jazz.

Ein kindgerechtes Anfängerakkordeon aufzustöbern war noch vor nicht allzu langer Zeit aufgrund von Größe und Gewicht des Instrumentes ein großes Problem. Mittlerweile gibt es aber von fast allen bedeutenden Instrumentenherstellern entsprechende Instrumente. Auf kleineren Modellen kann bereits mit 7 Jahren begonnen werden.

Wer vorher Klavier gespielt hat, wird auf dem Akkordeon schnellere Fortschritt machen.

Schülerinstrumente sind ab 500 Euro erhältlich, hochwertigere Instrumente ab 2000 Euro. Die monatliche Miete liegt zwischen 20 und 40 Euro.

Ein Blick hinter die Kulissen des Unterrichtens

„Einzelhaft am Klavier" muss nicht sein! Was Pädagogen heute unter einem „schülerorientierten Unterricht" verstehen

Schlägt man instrumentalpädagogische Fachbücher auf, stößt man immer wieder auf die Forderung nach „schülerorientiertem Unterricht". Als Eltern erwarten Sie natürlich dasselbe: dass Instrumentallehrer von der individuellen Begabung Ihres Kindes ausgehen. Dass seine aktuellen Fähigkeiten im Mittelpunkt stehen und individuell Schritt für Schritt weiterentwickelt werden. Das ist auch richtig so. Die pädagogischen Experten sehen dies vom Grundsatz her genauso. Sie sind darum bemüht, von der individuellen Fähigkeit und Leistung des Schülers auszugehen, sie zum Maßstab für das methodische Vorgehen beim Unterrichten zu machen. Der Fortschritt bzw. der individuelle Lernerfolg des Schülers stehen dabei im Vordergrund.

Anders war es im 19. Jahrhundert. Damals war noch „Einzelhaft am Klavier" angesagt, um perfekt zu werden. Das Kind sollte virtuos und musikalisch anspruchsvoll werden, als Individuum trat es in den Hintergrund. Fehler durften nicht gemacht werden. Musik musste werkgetreu wiedergegeben werden. Es kursieren Horrorgeschichten, wonach Kinder täglich viele Stunden zum Üben gezwungen wurden, um möglichst nahe an das Ideal heranzukommen.

Diese Zeiten sind zum Glück vorbei. Heute geht es im Instrumentalunterricht darum, zwischen Schüler und Musik einen sinnvollen Konsens zu finden. Jedes Kind soll individuell musikalisch herausgefordert werden, soll so gefördert werden, dass es sich musikalisch angemessen artikulieren kann.

Dies ist ein hoher Anspruch, der nicht selten besonderes Geschick verlangt: Auf der einen Seite muss der Lehrer Toleranz und Offenheit aufbringen für das, was der Schüler mitbringt, auf der anderen Seite stehen musikalische Ansprüche und besondere instrumentaltechnische Gegebenheiten. Bei der Haltung des Cellobogens oder dem Ansatz bei der Querflöte sind kaum Kompromisse möglich, wenn ein befriedigendes klangliches und musikalisches Ergebnis erreicht werden soll. Geht es aber um das Musikmachen als Freizeitbeschäftigung des Kindes, sind Lehrer heute eher kompromissbereit. Technischer Drill wird als sinnlos angesehen. Das Interessenspektrum der Instrumental- und Gesangschüler, die einen Teil ihrer Freizeit mit aktivem Musizieren verbringen, ist heute in der Regel recht heterogen. Kinder und Jugendliche suchen sich im Freizeitangebot heute vermehrt geeignete Tätigkeitsbereiche zur Selbstbestimmung und Selbstentfaltung. Das reicht vom Umgang mit Computermedien, sportlichen Aktivitäten bis zur Beschäftigung mit einem Musikinstrument. Von den großen Wahlmöglichkeiten machen viele Gebrauch. Kinder sind heute allgemein vielfältig interessiert. Das große Interessenspektrum wirkt sich aber auch auf ihr Übe- und Lernverhalten aus. So ist vielen Lehrern bewusst, dass das Musikinstrument gar nicht jeden Tag im Mittelpunkt der Freizeitbeschäftigung des Kindes stehen kann. Einerseits gibt es Phasen, in denen täglich sogar mehrmals geübt wird. Es ist aber auch möglich, dass es für das gleiche Kind über mehrere Wochen hinweg schwierig ist, sich zum täglichen Üben aufzuraffen. Vielen Lehrern gelingt es dennoch, in „humorvoller Strenge“ die Kinder so zu motivieren, dass sie auf ihren Instrumenten trotzdem weiterkommen.

Vor diesem Hintergrund kann das Instrumentalspiel bzw. Musizieren aus heutiger pädagogischer Sicht unter folgender Leitvorstellung betrachtet werden, wie sie Christoph Richter formuliert hat:

„*Musizieren ist eine flexible und erprobende Beschäftigung mit den vielfältigen Möglichkeiten, Bedingungen, Bestandteilen und Aspekten, welche dieser Komplex enthält. Musizieren bezeichnet nicht einen fertigen und immer verfügbaren Endzustand, sondern stets nur ein momentan Erreichbares, das von der je einmaligen Situation abhängig ist und das verändert, verbessert, bereichert werden kann. Musizieren ist als ein lebenslanger Prozess der Beschäftigung und der Erprobung aller Elemente des angedeuteten Komplexes und seiner Bedingungen anzusehen, ein Prozess, der jeweils im einzelnen Versuch konkret wird. Deshalb kann auch als Maßstab für den Unterrichtserfolg nicht allein der stetige Zuwachs an Können oder die Entwicklung zu immer besserem Spiel gelten. Unterricht ist auch dann sinnvoll und erfolgreich zu nennen, wenn ein (entsprechend den speziellen Möglichkeiten) erreichtes Niveau mit Freude gepflegt und genutzt wird.*" (Richter 1993, S. 490)

Darin spiegelt sich eine pädagogische Einstellung wider, die sich in der Unterrichtspraxis immer mehr durchsetzt: Das Erlernen eines Musikinstrumentes wird nicht mehr als ein mechanischer Dressurprozess angesehen. Das Kind soll dort abgeholt werden, wo es sich im Hinblick auf sein Alter und seinen physiologischen Entwicklungsstand gerade befindet. Auch seine musikalischen Vorerfahrungen und Vorlieben müssen dabei mit berücksichtigt werden. Wenn es um ausdrücklich leistungsorientiertes Lernen geht, dann nur orientiert an den individuellen Zielen des Kindes – zumindest am Anfang.

In Anbetracht der Pluralität der heutigen Musizierpraxis liegt es nahe, dass eine einzige musikpädagogische Konzeption nicht ausreicht, um in der Unterrichtspraxis tatsächlich jeder pädagogischen Zielgruppe gerecht zu werden. Jeder Lehrer hat seinen persönlichen Stil und seine besonderen musikalisch-technischen Prioritäten. Dennoch lassen sich einige aktuelle Trends im grundsätzlichen pädagogischen Denken ausmachen:

Künstlerische Förderung und Kreativität von Anfang an
Aus der Tatsache, dass nach heutigen neurobiologischen, neurophysiologischen und neuropsychologischen Erkenntnissen Musik im Gehirn über viele Areale, also nahezu „ganzheitlich" verarbeitet wird, hat das heutige pädagogische Denken einen wesentlichen Akzent erhalten. Vor diesem Hintergrund liegt ein Schwerpunkt in der musikalischen Förderung vor allem in der multiplen Qualität kreativer, insbesondere künstlerischer Aktivitäten. Diese Erkenntnisse wurden von Pädagogen zur Konzeption einer ganzheitlich orientierten Musikerziehung aufgegriffen. Fachleute sprechen hier beispielsweise von einem Lernen im „multimedialen Spielraum" bzw. einem „intermedialen Lernen". Im Mittelpunkt steht dabei, die Erfahrungsbreite musikalischer Wahrnehmung vor allem im Frühbereich besonders zu fördern, aber auch generell beim Instrumentallernen zu erhalten.

Diese pädagogische Denkrichtung setzt sich heute insbesondere im Frühinstrumentalunterricht bzw. im Unterricht mit Anfängern durch. Während in früheren Methoden noch theoretische Erklärungen z.B. der Notenschrift im Vordergrund standen, bevor überhaupt Musik gemacht wurde, steht die musikalisch-künstlerische Auseinandersetzung mit Musik heute obenan, und zwar von Anfang an. Selbstverständlich werden den Schülern auch heute noch im Instrumentalunterricht Notennamen erklärt sowie Haltung und Griffe gezeigt, um Töne hervorzubringen. Aber es wird ebenso viel Wert darauf gelegt, Kindern eine wirkliche innere Vorstellung von dem zu vermitteln, womit sie sich musikalisch beschäftigen: dem Klang, dem musikalischen Kontext usw. Auf diese Weise soll im Gehirn ein dichtes Netz von Verknüpfungen entstehen, in dem musikalisches „Wissen" vielseitig gespeichert ist, das intensiver erfahren und dichter (multipler) repräsentiert ist. Ein derartiges Wissen bleibt voraussichtlich auch dauerhafter verfügbar. Das Erlernen eines Musikinstrumentes soll also nicht eine einseitige intellektuelle Anstrengung sein, sondern von Anfang an aus verschiedenen Perspektiven inspiriert werden. Die Förderung der Kreativität und ein improvisatorisches Verhalten am Instrument werden heute als wichtiger angesehen als absolute Werktreue.

Um in diesem Sinne die Kreativität gleich von Anfang an anzuregen, sind viele Instrumentalschulen heute darauf angelegt, Schüler auch zu eigenschöpferischer Tätigkeit zu motivieren. Generell spiegelt sich die intermedial ausgerichtete pädagogische Denkweise in einigen Akzentuierungen wider:

– *„mehrkanaliges" Lernen*: Kinder sollen musikalisch mit möglichst vielen Sinnen angesprochen werden, beispielsweise durch zusätzliche Bewegungs- und/oder Klangspiele am oder mit dem Instrument.
– *Flexibilität:* Spielräume für individuelle Lösungen sollen gefördert werden, beispielsweise dadurch, dass sich die Kinder eigene Zeichen ausdenken, Noten und Rhythmen zu notieren. Auf trockene Übungen wird möglichst verzichtet zugunsten einer spielerischen und kreativen Auseinandersetzung mit dem Instrument von Anfang an. Die Kinder werden z. B. angeregt, verschiedene Rhythmuskärtchen zu basteln, mit denen sich immer wieder neue Kombinationen erfinden lassen.
– *Imagination*: Die Phantasie sowie die Assoziationen der Kinder sollen verstärkt mit einbezogen werden, beispielsweise durch besondere Kompositions- und Improvisationsaufgaben wie etwa die Vertonung von Bildergeschichten.

Es geht in der Unterrichtspraxis darum, künstlerisches Denken im weiteren Sinne zu fördern. Erst darin werden Voraussetzungen für ein wirkliches „Musik-Begreifen" gesehen, die ein Leben lang wirksam bleiben.

Musik „verkörpern" und „be-greifen"
Musikmachen hat bekanntlich viel mit Greifen zu tun. Hans Günther Bastian sieht darin einen grundsätzlichen Erkenntnisprozess, nämlich *„als eine subjektbestimmte Mischung von Aneignung und Übernahme, von Auseinandersetzung und Verwerfung, von Identifikation und Negation, von Nähe und Distanz und in diesen Zwischenräumen der musikalischen Ausbildung Wege zum eigenen Ich, zur unverwechselbaren Identität.* [...] *Das Begreifen bleibt ein flexibler, ständig sich erneuernder Prozess; es wird zu einem individuellen, schöpferischen und damit künstlerischen Vorgang, dessen Wesensmerkmal seine prinzipielle Offenheit ist."* (Bastian 1999; S. 24f.)

In dieser Hinsicht erhält in pädagogischen Fachkreisen die Metapher des „Be-greifens" eine ganz besondere Akzentuierung. Damit soll vor allem der Gefahr eines mechanischen Dressurprozesses beim Instrumentallernen bzw. der Dominanz des Technischen gezielt entgegengewirkt werden. „Be-greifen" wird heute verstanden als ein Prozess der musikalischen Sinngebung. Bereits das Anblasen, Anschlagen, Anstreichen des Tones und erst recht seine klangliche Modellierung sind eine Art körperlicher Verwirklichung und Ausdruck von Musik. Die Haltung des Körpers und die Bedienung des Instrumentes, die Atemführung, der Prozess der Tonerzeugung und die Bewegung des Klangs verkörpern – im Wortsinne – den einzelnen Ton und die Verbindung von Tönen zu Gestalten und Mitteilungen.

Die moderne Musikpädagogik hat also Abschied genommen von der Auffassung, Musik sei ein Gegenstand, den man technisch (wie auch immer) „in den Griff bekommen" und ein für allemal bewältigen könne. Musik ist vielmehr eine Botschaft, die weitaus mehr sucht als nur stupide Fingerfertigkeit.

Spielen lernen von Anfang an

Wie schon an anderer Stelle gesagt: Musikmachen hat viel mit dem Spielen zu tun. Gerade diese Dimension übt auf Kinder einen entscheidenden Anreiz aus, ein Musikinstrument zu erlernen. Daher bemühen sich heute viele Instrumentalpädagogen, den Kindern möglichst von Anfang an eine Basis zu vermitteln, die vor allem die Ebene des Spiels kultiviert und die generelle Spielfreude möglichst zu erhalten versucht. Sie soll nicht einem Perfektionismus in technischer Hinsicht geopfert werden, zumindest nicht gleich am Anfang. Darum wird das Musikmachen gerade am Anfang als etwas Improvisatorisches vermittelt. Darin wird die Basis und Garantie für ein lang anhaltendes und auch später noch lebendiges und kreatives Musizieren gesehen. Die improvisatorische Auseinandersetzung mit musikalischen Parametern rangiert vor dem Abspielen fertiger Stücke und Lieder. Insofern bemühen sich heutige Pädagogen, die zu erlernenden Spieltechniken nicht ausschließlich auf traditionelle Spielarten einzugrenzen, sondern von Beginn an möglichst auch durch vielfältige Aktionsmöglichkeiten zu fundieren und zu erweitern. Auch auf diese Weise soll die Basis für ein künstlerisch ausgerichtetes Musizierverhalten gelegt werden.

Insofern sind heute viele Instrumentallehrer gerade im Frühinstrumentalbereich darum bemüht, beispielsweise auch in Kursen Elementarer Musikerziehung erworbene Fähigkeiten vor allem spielerisch am Instrument zu reaktivieren und von dort aus weiter auszudifferenzieren. Die Auseinandersetzung mit Formen, Mustern oder Bausteinen ist für Kinder eine vertraute Tätigkeit. Dabei entdecken und erfinden sie immer wieder neue Möglichkeiten, das musikalische Material zu kombinieren, zu variieren, zu gestalten.

Ziel aller musikpädagogischer Bemühungen ist also nicht das Kind, das in technisch perfekter Manier musikalisch alles nur nachzuahmen vermag, was Erwachsene ihm bis ins Detail vorgegeben haben, sondern vielmehr das Kind, das im Musizieren und Hinhören soweit sensibilisiert, in der eigenständigen Gestaltungsfähigkeit soweit gefördert und als Künstlerpersönlichkeit soweit ernst genommen wird, dass es Musik zu *seiner* Musik macht, *seine* Aussage findet – auf welchem instrumentaltechnischen Niveau auch immer.

Moderne Pädagogen sind bei der Musikalischen Frühförderung und zu Beginn des Instrumentalunterrichts darum bemüht, die Bewegungsfreude und den Ausdruck der Kinder in der Bewegung nicht zu früh auf das Training der instrumentalspezifischen Spielbewegung zu reduzieren. Vielmehr geht es ihnen darum, den Mut zu individuellen Interpretationsspielräumen und ausdrucksvoller Tongestaltung zu fördern, die in der Regel schon beim Spiel auf leeren Saiten, im Fünffinger-Raum des Klaviers oder beim Blasen dreier Töne möglich ist.

Wenn Sie ihr Kind zum Instrumentalunterricht schicken, sollten Sie Ihre musikalischen Erwartungen nicht zu hoch schrauben. Erwarten Sie nicht von Ihrem Kind, dass es – spätestens nach den ersten Stunden – manches Stück bereits nach Noten abspielen kann. Das traditionelle Abspielen-Lernen / Abspielen-Können wird ohne Frage auch noch kommen, aber im Hinblick auf die Erhaltung der grundsätzlichen Spielfreude sollten Sie hier etwas Geduld aufbringen. Musikmachen muss auf jeden Fall über das Notenabspielen-Können hinausgehen, wenn es um die Grundlegung einer lebenslangen Freude am eigenen Musizieren gehen soll.

Unterrichts-Check für Eltern: Woran erkennen wir den „guten" Lehrer bzw. die „gute" Lehrerin?

In der Regel kann man heute davon ausgehen, dass an einer Musikschule beschäftigte Instrumentallehrer eine fundierte pädagogische Ausbildung haben und sich um einen schülerorientierten Unterricht bemühen. Zumeist wird diese Ausbildung mit einem Diplom der Musikhochschule, eines Konservatoriums oder einer Fachakademie abgeschlossen. Dahinter steckt ein mindestens vierjähriges Musikstudium. Der Lehrer, die Lehrerin hat eine Vielzahl an pädagogischen, psychologischen sowie didaktischen bzw. unterrichtsmethodischen Seminaren und Vorlesungen besucht, darüber hinaus verschiedene Unterrichtspraktika durchgeführt. Die während des Studiums absolvierten Übestunden auf dem Instrument sind kaum zu zählen, täglich waren es mindestens drei bis vier Stunden. Das heißt, Sie können davon ausgehen, dass Ihr Kind bei einem diplomierten Lehrer in pädagogischer wie künstlerischer Hinsicht in guten Händen ist. Aber auch (Privat-)Musiklehrer ohne Hochschulabschluss können durch entsprechende Berufserfahrung über viel pädagogisches Geschick verfügen.

Zum Unterrichts-Check:
Für Eltern ist es nicht immer leicht, den „richtigen" Lehrer für ihr Kind zu finden bzw. abschätzen zu können, ob man mit dem jeweiligen Lehrer „Glück" gehabt hat. Abgesehen davon, dass – wie gesagt – viele Lehrer (zumindest im Bereich des Musikschulunterrichts) staatlich geprüft sind, ihnen also pädagogische Fähigkeiten bescheinigt worden sind, sollten die Erziehungsstile von Eltern und Lehrer in grundsätzlichen Fragen übereinstimmen. Es ist üblich, dass Eltern bei der ersten Unterrichtsstunde dabei sein können; diese Möglichkeit sollten Sie nutzen, um zu einem ersten Eindruck und Urteil zu gelangen. Darüber hinaus nennt

Ihnen die folgende Checkliste eine Reihe von Kriterien, mit deren Hilfe Sie die pädagogischen Fähigkeiten des Lehrers besser einschätzen können.

Unterrichtsatmosphäre:

- ♪ freundlicher Unterrichtsstil,
- ♪ Geduld,
- ♪ Offenheit,
- ♪ Glaubwürdigkeit,
- ♪ Gesprächsbereitschaft,
- ♪ der Lehrer oder die Lehrerin tritt als „Lernpartner" auf,
- ♪ er oder sie agiert konsequent, aber mit Humor.

Lernmethodisches Vorgehen:

- ♪ Lehrerin oder Lehrer vermitteln Zuversicht in den Erfolg des Unterrichts,
- ♪ er oder sie sind pünktlich und zuverlässig,
- ♪ der Umgang mit den Kindern erfolgt in einer ihrem Alter angemessenen Weise,
- ♪ die Lehrerin oder der Lehrer verfügt über verschiedene methodische Zugänge, zwischen denen gewechselt werden kann,
- ♪ drückt sich verständlich aus,
- ♪ lobt in einer für das Kind glaubwürdigen und ehrlichen Weise,
- ♪ kritisiert dosiert,
- ♪ zeigt Übemethoden für zu Hause bzw. übt das Üben auch im Unterricht,
- ♪ vermittelt Lehrinhalte in systematischen, folgerichtig aufgebauten Schritten.

Musikausgerichtetes Lernen:

- ♪ Die musikalische Kreativität/Inspirationskraft der Kinder wird gefördert, beispielsweise durch Kompositions- oder Improvisationsaufgaben,

- das Kind erhält Gelegenheiten zum Zusammenspiel mit anderen,
- der Lehrer oder die Lehrerin kann das Kind mit seiner/ihrer musikalischen Begeisterung „anstecken“,
- er oder sie spielt manche Passagen selbst vor.

Wie Sie Ihr Kind zu Hause unterstützen können

Das ist wichtig für einen guten Start

Auf das musikalische Umfeld zu Hause kommt es an

Wenn bei Ihrem Kind der Spaß am eigenen Musikmachen lange anhalten soll, reicht es nicht aus, die musikalische Betreuung des Kindes allein dem Instrumentallehrer zu übertragen. Auch das musikalische Umfeld zu Hause sollte Kinder zum eigenen Musikmachen animieren. Wo von Seiten der Eltern keine entsprechenden Impulse kommen, fühlt sich das Kind musikalisch allein gelassen, spürt kein wirkliches Feedback. Ihr Kind braucht Sie als sensible und aufmerksame Begleiter auf seinem musikalischen Weg. In Studien wurde deutlich, dass die Kinder, die bis zu einem Alter von elf Jahren von ihren Eltern beim Erlernen des Instrumentes (vor allem indirekt z. B. durch Hilfen bei der Zeiteinteilung des Übens zu Hause, durch Konzertbesuche usw.) unterstützt worden sind, am besten „durchgehalten" haben und sogar die größten musikalischen Fortschritte zeigten.

Ihr Kind orientiert sich an dem, was Sie tun. Im Idealfall leben Sie Ihrem Kind einen musikbetonten Alltag vor. Auch wenn Sie selbst kein Instrument spielen können und vielleicht auch keine ausgesprochenen Anhänger klassischer Musik sind, können Sie im Hinblick auf die „musikalische Früherziehung" Ihres Kindes im weitesten Sinne etwas tun:
– Lassen Sie zumindest ab und an auch klassische Musik oder andere hochwertige Musik erklingen – das geht

auch nebenbei. Der Lehrer Ihres Kindes kann Sie in Bezug auf die Musikauswahl beraten.

- Gehen Sie mit Ihrem Kind ins Konzert. Das muss nicht unbedingt das Sinfoniekonzert mit großem Orchester sein (obwohl es in vielen Städten und Gemeinden regelmäßig für Kinder sehr anregende Kinderkonzerte gibt). Eine Aufführung des Schulorchesters oder innerhalb der Musikschule sind für Kinder genauso faszinierend. Hier können Kinder die Instrumente genau beobachten und musikalisch auf sich wirken lassen.
- Zeigen Sie dem Kind gegenüber, dass Sie sich für sein Instrument interessieren. Lassen Sie sich dessen Besonderheiten von Ihrem Kind erklären.
- Für einen guten Start ist es sinnvoll, als Elternteil die erste(n) Stunde(n) im Unterricht dabei zu sein, zumindest bei jüngeren Kindern. Auch auf diese Weise signalisieren Sie Ihrem Kind besonderes Interesse.
- Nehmen Sie sich zu Hause ab und zu die Zeit, einmal anzuhören, was Ihr Kind auf seinem Instrument schon spielen kann bzw. bereits geschafft hat. Die Kinderpsychologie hat erwiesen, dass Tätigkeiten, die ein Kind vor allem im Vor- und Grundschulalter für seine Eltern oder mit ihnen gemeinsam ausübt, seine Motivation am stärksten aufrechterhalten oder sie zumindest beleben können.
- Lesen Sie Ihrem Kind ab und zu ein Buch vor, in dem es um Musik oder Musiker geht (vgl. die Literaturhinweise im Anhang).

Was ist nach den ersten Unterrichtsstunden besonders wichtig?

Für Ihr Kind ist der erste Unterrichtstag beim Instrumentallehrer etwas ganz Besonderes. Alles ist neu – anregend zwar, aber vielleicht auch schwer: Jeder Neuanfang kostet viel Energie. Ihr Kind braucht Ihre Hilfe – nicht nur die des Lehrers.

Ein wichtiges Thema ist die *„Disziplin"*:
Sie wird beim Erlernen des Instruments von Ihrem Kind erwartet. Unterstützen Sie es, indem Sie dafür sorgen, dass es regelmäßig, pünktlich und ausreichend ausgerüstet zum Unterricht kommt. Vermeiden Sie Verzögerungen bei der Anschaffung von Unterrichtsmaterialien.

„Disziplin" meint keineswegs, Ihr Kind durch Druck und Drill schnell zum musikalischen „Wunderkind" zu machen. Haben Sie also keine zu hohen Erwartungen an Ihr Kind, so verlockend es manchmal erscheinen mag, aus dem Kind das herauszulocken, was Sie selbst in jungen Jahren vielleicht nicht geschafft haben. Beim Erlernen eines Musikinstrumentes haben weder der Zeitfaktor noch Verbissenheit etwas zu suchen. Jedes Kind hat sein individuelles Lerntempo. Das sollten Sie unbedingt respektieren und nicht unnötig forcieren.

Wohin mit dem Instrument?
Wichtig ist generell, dass Kinder immer musizieren können, wenn sie wollen. Kinder sind noch recht spontan. Bis also der Geigenkasten erst einmal hoch oben vom Schrank heruntergeholt und ausgepackt, der Notenständer aufgebaut, die Noten zusammengesucht sind, der Bogen gespannt ist, ist das spontane Musizier- und Übebedürfnis vielleicht schon wieder verflogen.

Steht das Instrument im Wohnzimmer, kommen weitere Störfaktoren hinzu, denn da lebt meistens die Familie, mit Fernseher, Telefon, Computer etc. Richten Sie zu Hause also eine für Ihr Kind praktische und effektive Umgebung zum Üben ein, in der Instrument, Notenständer und Noten gut erreichbar sind – falls es die räumlichen Gegebenheiten erlauben.

Wie lange soll geübt werden?
Die Konzentrationsfähigkeit ist bei Kindern vor allem im Vorschul- und Grundschulalter noch recht begrenzt. Es ist

schwierig, verbindliche Übezeiten vorzugeben. Gerade am Anfang haben sich jedoch kurze Übephasen von jeweils 10 – 15 Minuten als sinnvoll erwiesen. Danach sollten auf jeden Fall Pausen eingelegt werden, damit die Finger, Gelenke und Arme nicht gleich überstrapaziert werden. An die spezifischen Spielbewegungen eines Musikinstrumentes müssen sich Kinder erst gewöhnen. Häufigeres kurzes Üben ist effektiver als Marathonsitzungen.

Insbesondere am Tag des Unterrichts sollte nachher noch einmal Zeit zum Üben sein. Auf diese Weise kann sich das im Unterricht neu Erlernte stabilisieren. Denn das Kind ist ja während der restlichen Übewoche weitgehend auf sich selbst gestellt und sollte möglichst nichts vergessen.

Achten Sie beim Üben auch darauf, dass sich das Kind vorher nicht bei anderen Beschäftigungen bereits verausgabt hat, beispielsweise beim Sport.

Was ist eigentlich „Üben"?

Bis die Lieblingsmelodie, die Etüde oder die Sonate auf dem Musikinstrument zufriedenstellend gelingen, ist bekanntlich recht viel Übung nötig. Auf den ersten Blick sind es vor allem feinmotorische Bewegungsabläufe der Finger, die über längere Zeit eingeübt und konditioniert werden müssen. Bei genauerem Hinsehen kommen hier aber noch entscheidende Details hinzu:

– eine möglichst genaue *Vorstellung vom Ziel* der Übung, d.h. vor allem eine genaue Klangvorstellung und das Verständnis der einzelnen, daran beteiligten Bewegungsabläufe,
– eine möglichst genaue *Kontrolle* über die jeweiligen klanglichen Ergebnisse während des Spiels, d. h. ein hohes Maß an Konzentration sowie Aufmerksamkeit und Reaktionsfähigkeit, um eventuelle technische Probleme während des Spiels rasch beheben zu können,
– die Bereitschaft zur *regelmäßigen Wiederholung*, also Ausdauer und Geduld.

Soll das Üben effektiv sein, kommt es also sehr auf das methodische Vorgehen an, d. h. konkret:

- Ihr Kind sollte sich die zu übende Passage oder das neue Stück unbedingt einmal vorspielen lassen, z.B. von seinem Lehrer im Unterricht.
- Beim Üben sollten Etappenziele aufgestellt werden, die kurzfristig tatsächlich erreichbar sind, z.B. das „G" im zweiten Takt sauber und im Zusammenhang spielen zu können. Dabei ist es auch sinnvoll, das zu übende Stück in einzelne Abschnitte einzuteilen und jeden Abschnitt so lange zu üben, bis die maximale Fehlerzahl nicht mehr überschritten wird.
- Ihr Kind sollte seine Aufmerksamkeit auf zwei bis drei Aspekte der zu übenden Passage reduzieren, z. B. gleichzeitig auf die richtigen Töne und die optimale Fingerstellung achten.
- Ein Übeplan sollte gemacht werden, der festhält, an welchen Tagen die schwierigen Passagen wie oft geübt werden. Kinder arbeiten solche Pläne gern und gewissenhaft ab.

So viel Einmischung wie nötig, so wenig wie möglich

In pädagogischen Seminaren für angehende Lehrer/innen steht ein erzieherisches Prinzip ganz obenan: „Soviel Lenkung und Einmischung wie nötig, so wenig wie möglich" heißt es dort. Natürlich sollen Sie mit Ihren Kindern nicht wie Lehrer mit ihren Schülern umgehen. Und das Prinzip wenden viele Eltern ganz von selbst an, ohne vorher Psychologie oder Pädagogik studiert zu haben. Geht es aber um das Erlernen eines Musikinstrumentes, kommen in manchen Familien auf einmal andere Regeln mit ins Spiel. Manche Eltern entwickeln einen ganz besonderen Ehrgeiz mit ihren Kindern, der sich in konkreten Ratschlägen, praktischen Übetipps usw. äußert, damit sich der ganze Aufwand lohnt. Das Lernen wird durch direktes und zielstrebiges Eingreifen mehr bestimmt, als notwendig und sinnvoll wäre. Dabei ist zu viel Lenkung aus psychologischer Sicht nicht empfehlenswert.

Entwicklungspsychologisch betrachtet sind wir grundsätzlich darauf angelegt, möglichst viel selbstständig zu erledigen und Eigenverantwortung zu übernehmen. Das fängt bereits bei den Kleinkindern an, wenn sie darauf bestehen, vieles selber machen zu wollen – auch wenn das aus unser vermeintlich vernünftigen Erwachsenen-Perspektive doch noch gar nicht gehen kann. Kinder lernen jedoch auf diese Weise schon früh, sich aus Abhängigkeiten zu befreien, das Leben selbst in den Griff zu bekommen. Der besondere, psychologisch bedeutsame Effekt besteht darin, dass sich Kinder bei ihrem Selber-Tun ein Selbstkonzept aufbauen, das ihrer Persönlichkeit eine besondere Stabilität gibt. Dieses Selbstkonzept ist von existentieller Bedeutung für die seelische Entwicklung und die Regulierung des psychischen Gleichgewichts. Mit einem gesunden Selbstkonzept lassen sich beispielsweise Ängste und Krisen besser bewältigen. Das gilt für viele Situationen des Alltags im Allgemeinen, aber auch für das eigene Musikmachen im Besonderen. In jedem Musikwerk gibt es Passagen, die schwierig zu bewältigen sind und sogar Angst machen können. Und selbst wenn das Lieblingsstück vor einem kleinen Kreis von vertrauten Menschen vorgespielt wird, kommt bei den meisten mehr oder weniger Lampenfieber hinzu. Ohne ein entsprechendes (künstlerisches) Selbstkonzept ist ein effektives Instrumentalspiel gar nicht möglich.

Vor diesem Hintergrund ist es besonders wichtig, dass Sie als Eltern ihrem Kind beim Aufbau seines musikalisch-künstlerischen Selbstkonzepts behilflich sind. Lassen Sie Ihr

Kind viel selber machen und entscheiden, sorgen Sie dafür, dass es viel Eigeninitiative entwickeln kann. Um das Streben nach Kompetenz psychologisch zu unterstützen, wäre es sinnvoll, ihr Kind auch in musikalischer Hinsicht so früh wie möglich zur Selbstständigkeit zu erziehen. Eigeninitiative stärkt nicht nur das Gefühl des eigenen Könnens, sondern wesentlich auch das Selbstbewusstsein. Registrieren und loben Sie ausdrücklich die persönlichen Erfolge Ihres Kindes, die auf selbstständiges Üben zurückzuführen sind; das motiviert Ihr Kind zusätzlich. Ihre Unterstützung hingegen sollte indirekt geschehen.

Dazu einige praktische Tipps:

♪ *Sorgen Sie zu Hause dafür, dass sich Ihr Kind jederzeit von sich aus an sein Instrument setzen kann.* Wie schon gesagt: Das Instrument, der Notenständer und die Noten müssen für das Kind möglichst leicht erreichbar sein. Nur so kann es seine musikalische Eigeninitiative unmittelbar entfalten.

♪ *Sorgen Sie für Gelegenheiten, bei denen Ihr Kind selbst Verantwortung übernehmen kann:*

- Planen Sie die Übezeiten gemeinsam mit Ihrem Kind. Manche Kinder brauchen ritualisierte Tagesabläufe, andere ziehen spontane Übeeinheiten vor. In der Regel hilft es Kindern, sich im Rahmen eingespielter Rituale im Tagesverlauf an das Üben zu gewöhnen, z.B. regelmäßig vor den Hausaufgaben.
- Helfen Sie nur dort, wo Ihr Kind ohne Ihre Hilfe nicht auskommt.
- Jede Anstrengung Ihres Kindes ist positiv und lobenswert. Bis weit in das Grundschulalter hinein braucht das Kind möglichst die sofortige Bestätigung seiner Leistungen.
- Üben Sie keinen (Leistungs-)Druck aus. Anderenfalls

nämlich übernimmt nicht Ihr Kind, sondern Sie die Verantwortung.

- Achten Sie darauf, dass Sie Ihr Kind nicht durch Zeitdruck oder zu viele Hobbys und andere tägliche Verpflichtungen überfordern. Seine Energiereserven sollten nicht übermäßig beansprucht werden. Ihr Kind sollte sich nicht verzetteln. Helfen Sie ihm bei der Zeiteinteilung, falls es vielen Freizeitaktivitäten nachgeht. Der wöchentliche Zeitplan sollte ausgewogen sein.
- Halten Sie sich beim Üben zu Hause im Hintergrund auf. Nur auf diese Weise kann Ihr Kind für das, was es erreicht, selbst verantwortlich sein.
- Ihre direkte Einmischung sollte sich auf die Kontrolle des Hausaufgabenheftes beschränken.

Direktes Eingreifen beim Üben: sinnvoll oder nicht?

Kommt es zwischen Eltern und Kind zu Konflikten, geht es meist um die Frage des täglichen Übens. Grundsätzlich gilt: Je jünger das Kind, desto mehr Unterstützung benötigt es von Ihnen beim Üben zu Hause. Erwarten Sie nicht, dass Ihr Kind allmählich alleine, ohne Ihre Hilfe beim Üben auskommt. Damit wäre es überfordert. Aber missverstehen Sie das nicht: Was Ihr Kind alleine tun kann, muss es unbedingt alleine, d.h. selbstständig tun dürfen. Direkte Hilfe und Kontrolle sollte auf jeden Fall vom Alter des Kindes abhängig gemacht werden:

Für das *Vorschulkind* ist eine intensivere Mitarbeit der Eltern noch dringend erforderlich. Es handelt und lernt noch sehr aus dem Moment heraus. Mit seinen manchmal spontanen, impulsiv auftretenden Emotionen muss es erst noch fertig werden lernen. Die innere Einstellung zum regelmäßigen Üben muss sich allmählich entwickeln können. Das Kind hat noch andere Prioritäten als wir Erwachsene. Es bevorzugt beim Lernen zunächst das Bekannte, erst danach wendet es sich ganz neuen Dingen zu. Üben hat für Kinder in diesem Alter noch einen anderen Stellenwert als bei älteren: In der Regel wiederholen sie gern das Stück, das sie bereits beherrschen. Das gibt ihnen ein besonderes Gefühl des Erfolgs und der eigenen Kompetenz.

Ein Kind im Vorschulalter braucht für manche Aufgaben noch recht viel Zeit. Manchmal nimmt es sich zu viel vor. Es möchte schon Stücke ausprobieren, die noch viel zu schwierig sind. Versucht es sie trotzdem, kann das sehr enttäuschend sein. Bei manchen Kindern fließen dann die Tränen, andere flüchten sich in Wutausbrüche. Da Kinder in diesem Alter ihre Fähigkeiten noch nicht genau einschätzen können, brauchen sie in diesem Punkt Hilfe.

Ein paar Tipps:

- Treiben Sie Ihr Kind nicht unnötig an. Es ist noch verspielt, leicht ablenkbar, braucht noch Zeit.
- Üben Sie nur mit Ihrem Kind, wenn es in geeigneter Stimmung ist. Reißen Sie es nicht aus einer anderen lustvollen und spannenden Beschäftigung heraus, um mit ihm musikalische Übungen zu machen.
- Bei jedem Üben sollte ein Erfolg bald zu spüren sein, zumindest von Ihnen entsprechend kommentiert. Zu loben gibt es immer irgendetwas. Dosieren Sie also Ihre persönlichen Anforderungen.
- Achten Sie vor allem auf eine korrekte Haltung des Instrumentes. Sprechen Sie über Einzelheiten mit dem Lehrer Ihres Kindes, damit Sie an der richtigen Stelle helfen können.
- Helfen Sie nach Möglichkeit beim Stimmen des Instrumentes (eine Stimmgabel kann ab 5 Euro oder ein elektronisches Stimmgerät ab ca. 25 Euro angeschafft werden).

Das *Grundschulkind* befindet sich in einem „Lernalter", nimmt die Schule und andere Lernsituationen in der Regel noch sehr ernst. Die Lernbereitschaft wird später kaum wieder so groß sein wie gerade in diesem Alter: Das Kind will seine Umwelt nicht mehr einfach nur erkunden und ausprobieren, sondern möchte seine Fähigkeiten systematisch ausbauen und sich gegenüber Freunden behaupten. Seine Neugier wächst; es möchte alles im Detail erproben, will mehr darüber wissen und kennen lernen. Es spürt, dass es durch Initiative, Selbstständigkeit und „Disziplin" seine Möglichkeiten und seinen Handlungsspielraum erweitern kann. Kinder entwickeln in diesem Alter auch die Fähigkeit, sich selbst Ziele zu setzen und mittelfristig darauf hinzuarbeiten. Für den Instrumentalunterricht bedeutet das, dass sie beispielsweise auch „trockene" Fingerübungen nun eher akzeptieren, um dadurch zu mehr Geläufigkeit auf dem Instrument zu gelangen. Weil die Ansprüche an die eigene Leistung wachsen, werden Kinder im Grundschulalter allerdings auch zunehmend mit Misserfolgserlebnissen konfrontiert. Sie erkennen, dass zum Erlernen neuer Fähigkeiten eine gewisse Disziplin gehört, selbst wenn es für sie nicht immer leicht ist, diese Disziplin konsequent aufzubringen.

Der Instrumentallehrer Ihres Kindes wird das Üben zu Hause mit ihm im Unterricht üben und ihm methodische Tipps geben. Die folgenden Hinweise sind als kleine Ergänzung gedacht:

- Instrument, Noten und Notenständer sollten für das Kind leicht zugänglich sein (vgl. S. 141).
- Überfordern Sie Ihr Kind nicht bezüglich der Lernziele. Ein Werk fehlerfrei einzuüben, ist für die meisten Kinder kaum möglich. Auch Fehler gehören zum Musizieren dazu.

- Vereinbaren Sie mit Ihrem Kind die minimale tägliche Übedauer bzw. die Anzahl der Wiederholungen der zu übenden Stücke, falls es zu Übekrisen kommt. Dabei können positive Kommentare den Ehrgeiz wieder wecken. Zum Beispiel: „Das klingt aber schön, komm, spiel es gleich noch einmal" oder „Das klingt schon schön, kannst du es auch ganz gleichmäßig spielen?"
- Das tägliche Üben sollte zur Gewohnheit und als regelmäßige Tätigkeit in den Alltag fest integriert werden. Bei Aufgaben, die täglich zu erledigen sind wie z.B. Zähneputzen, Hausaufgaben etc. ist das regelmäßige Durchführen einfacher durchzusetzen, weil es zum Alltag gehört.
- Kontrollieren Sie ein Mal pro Woche zwanglos, was Ihr Kind geübt hat.
- Loben Sie Ihr Kind unbedingt. Immerhin hat es sich angestrengt.

Brauchen Kinder „Druck" zum Üben?

Es ist ein Gemeinplatz, dass spieltechnische Perfektion nur durch härteste Arbeit zu erreichen ist. Meisterschüler (das sind Studenten auf sehr hohem Niveau), so hört man, üben bis zu acht Stunden täglich auf ihrem Instrument. Dementsprechend wird bei musikalisch besonders talentierten Kindern oft eine strenge Hand in der Erziehung vermutet, nach dem Motto: „Von nichts kommt nichts." Bei Untersuchungen zum Erziehungsklima im Elternhaus von Kindern und Jugendlichen, die sich für den Bundeswettbewerb „Jugend musiziert" qualifiziert haben, bezeichneten die befragten Kinder und Jugendlichen die Erziehung ihrer Eltern in der Regel als „normal", als „gesundes Mittelmaß", wobei „Normalität" definiert wird als Erziehungsklima zwischen den Extrempolen eines antiautoritären Stils, eines „laissez-faire" auf der einen und einer streng autoritären, einengenden,

Selbstentfaltung verhindernden Erziehung auf der anderen Seite.

Geht es um Erziehungsvorstellungen, Ansprüche, Leistungserwartungen, dann sind sich die Vorstellungen der Eltern von musikalisch besonders begabten Kindern auffallend ähnlich: Sie setzen prinzipiell auf die Bereitschaft, sich anzustrengen, auf Bemühen, Wille, Fleiß und Zielstrebigkeit. Ihre Begründung: Zum einen stellen sie diese Ansprüche an sich selbst (quasi als Vorbild für die Kinder), zum anderen hat jeder Mensch die Verpflichtung, die ihm gegebenen Anlagen und Begabungen zu nutzen und zu entwickeln. Den Eltern scheint es weniger um den messbaren Erfolg zu gehen, als um die ethisch begründete Verpflichtung des Menschen, das Beste aus sich zu machen. Vor diesem Hintergrund wird erzieherische Einflussnahme im Hinblick auf ein bestimmtes Ziel hin verstanden: die Persönlichkeitswerdung und die bestmögliche Nutzung einer vorhandenen (Musik-)Begabung, geprägt von eigenen Leistungsvorstellungen, die früh auf die Kinder übertragen werden. Eindeutige Erziehungsmaxime: Wir leisten etwas, warum soll das nicht auch für unsere Kinder gelten? Die Eltern übertragen in subtiler, unausgesprochener Erwartung Ansprüche, die sie an sich selbst als Erwachsene stellen, auf ihre Kinder. Sind Kinder solcher Elternhäuser schon früh keine Kinder mehr? Fraglich ist an dieser Stelle, ob es der Kindheit gut tut, nichts dem Zufall zu überlassen und planvoll Ziele zu setzen, um das Bestmögliche aus dem Kind für das Kind herauszuholen. Fraglich ist auch, ob dieses Ziel so wirklich erreicht werden kann. Tragen nicht zu hohe Leistungserwartungen zu überzogenem Perfektionismus bei? Setzen sich dann nicht auch die Kinder Standards, die sie gar nicht erreichen können? Muss dies nicht notwendigerweise zu Frustrationen führen? Fest steht jedenfalls: Zu viel Einflussnahme wirkt sich hemmend und verzögernd auf die Entwicklung des Instrumentalspiels aus.

Leistungserwartungen sind an sich noch nichts Negatives. Sie stellen zwar Ansprüche an das Kind, schaffen aber zugleich wichtige Erfolgsgelegenheiten. Jeder Erfolg stärkt das sich entwickelnde Selbstwertgefühl des Kindes und motiviert es zum Weiterlernen und Üben. Sein Erfolgsgefühl steigt in dem Maße, wie die Eltern Anteil an seinen Fortschritten nehmen. Den Eltern fällt also die überaus wichtige Aufgabe zu, durch gemeinsames Sich-Freuen an den Fortschritten bzw. Ermunterung, wenn es einmal nicht gleich klappt, Hilfe und Unterstützung zu geben.

Kommen wir zur wesentlichen Konsequenz:
Überprüfen Sie zwischendurch immer wieder einmal Ihre Leistungsansprüche Ihrem Kind gegenüber: Welcher Vater, welche Mutter hat bei andauernder Übe-Unlust des Kindes nicht gelegentlich auch mit der Drohung, es vom Unterricht abzumelden, mit Verweisen auf die Kosten des Instrumentalunterrichts, auf die bei den wöchentlichen „Chauffeur-Diensten" investierte Zeit reagiert? Wer hat nicht irgendwann einmal einen moralischen Appell über die Lippen gebracht und daran erinnert, dass ein instrumentales Engagement in gewisser Weise beiderseitig verpflichtet. Wir alle neigen zur „Moralisierung", wenn wir von unseren Kindern auf hartnäckige Geduldsproben gestellt werden.

Lassen Sie Ihr Kind nicht darunter leiden, dass Sie Ihrerseits früher nicht geübt haben und dies heute bereuen. Zu hohe Erwartungen bringen schnell eine Überforderung mit sich. Auch unterschiedliche Erwartungen beider Elternteile können Ihr Kind verunsichern.

„Ich hab keine Lust zum Üben!" Zum Umgang mit kritischen Phasen

Jeder, der ein Musikinstrument erlernt, hat auch Phasen zu überwinden, in denen die Motivation zum Üben stark nachlässt und es schwer fällt, sich zum Üben aufzuraffen. Das ist völlig normal. Welcher Musiker könnte von sich behaupten, niemals Krisen erlebt und durchgestanden zu haben? Kritische Phasen gehören zum Musikmachen dazu. Manche meistern sie, andere kapitulieren und geben sogar ganz auf. Die folgenden Überlegungen und Anregungen sollen eine Hilfe dabei sein, Ihr Kind in den schwierigen Phasen zu unterstützen.

Wie Motivation funktioniert

Ausgangspunkt und gleichzeitig Perspektive jeglicher Motivation ist aus verhaltensbiologischer Sicht prinzipiell das Motiv, die eigene Existenz zu sichern, alles Erreichte vor Gefahren von außen zu schützen, generell also größtmögliche Sicherheit zu erlangen. Und es scheint, als habe uns die Evolution mit einem mächtigen Überlebensmechanismus ausgestattet. Er besteht aus einem Orientierungs- bzw. Neugierreflex und dem Gefühl der Freude, das wir empfinden, wenn wir eine Herausforderung überwinden. Der Neugierreflex ist der Auslöser, der die Motivation in Gang setzt. Im Alltag kommt es immer wieder zu Situationen, in denen unsere Neugier aktiviert wird: Sie dient dazu, neue Orientierungen zu gewinnen, den Handlungsradius und Erfahrungshorizont zu erweitern und individuell abzusichern. Letztlich geht es darum, auf diese Weise ein Selbstkonzept aufzubauen und so die eigene Persönlichkeit zu stabilisieren, damit beispielsweise Gefahren sowie Ängste und Frustrationen besser bewältigt werden können.

Um also mehr Sicherheit empfinden zu können, müssen die Grenzen des gesicherten Reviers auch einmal überschritten werden, so dass vorübergehend ein Stadium der Unsicherheit entsteht. Insofern kann das Neue, das Unbekannte sogar mit einem gewissen Risiko behaftet sein, aber der Einsatz lohnt sich: Je größer die Neugier bzw. je weiter die erforschte Umgebung ist, je mehr Probleme gelöst sind, je mehr Wissen man hat, je mehr Neues zu Bekanntem geworden ist, desto größer ist der erreichte Sicherheitsstandard – vorausgesetzt, man hat sich entsprechend angestrengt. Eine gewisse Herausforderung ist somit also auch mit im Spiel. Manchmal kann dabei sogar ein Gefühl der vollkommenen Sicherheit entstehen, nach dem sich eigentlich jeder sehnt. Psychologen sprechen hier vom Flow-Erlebnis. Gemeint sind damit Hochgefühle, Zustände während einer Aktivität, in denen man „schwebt".

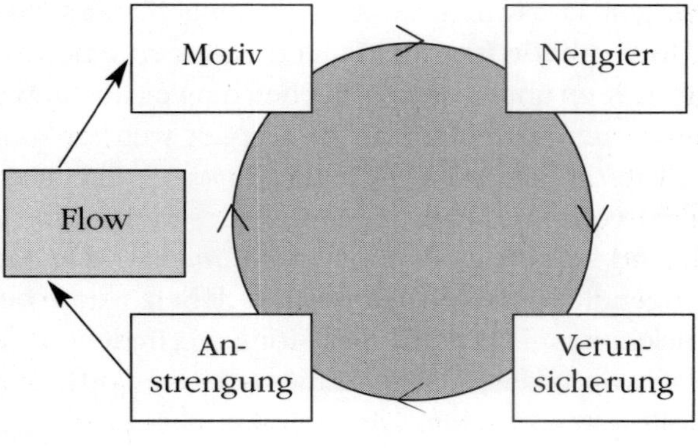

Abb. 1: Der „Motivationszirkel"

Alles Gesagte lässt sich auf das Instrumentalspiel übertragen.

Beginnen wir mit dem *Motiv:* Der Wunsch, ein Musikinstrument spielen zu wollen, ist individuell sehr verschieden. Geht er von den Kindern aus, bilden manchmal bereits die schönen Töne und Klänge, die spezifischen Spielbewegungen auf einem bestimmten Instrument das Motiv. Andere Kinder sehen den besonderen Anreiz in der Musik, die sie mit dem gewählten Instrument kennen lernen und nachspielen möchten. Viele haben das Ziel, mit anderen zusammen in einem Orchester oder Ensemble spielen zu können.

Die Neugier ist ebenfalls mit im Spiel. Wie bekomme ich Töne aus dem Instrument heraus? Wie funktioniert eine Melodie auf dem Instrument? Wie kann ich die Töne und Klänge verändern? Welche Musik gibt es noch, die ich vorher nicht gehört habe? Nur auf diese Weise kann sich der musikalische Erfahrungsschatz erweitern. Musikalische Wahrnehmung wird differenzierter.

Auf dem Weg dorthin sind aber auch *Verunsicherungen* und besondere *Herausforderungen* zu überstehen bzw. zu bewältigen. Das Kind muss sich anstrengen, muss die richtige Übemethode finden. Manche Passagen eines Musikstücks müssen über mehrere Wochen hinweg immer wieder geübt werden, damit sie sicher gespielt werden können. Unter Umständen muss auch die Nervosität überwunden werden, wenn das Stück anderen vorgespielt wird.

Ab und zu gibt es dann *„Flow"-Momente*. Wie Kinder und Jugendliche diese Augenblicke erleben, wurde bereits beschrieben (vgl. S. 28). Es sind Momente, in denen technische Schwierigkeiten überwunden scheinen oder gar keine Rolle mehr spielen. Die musikalische Interpretation scheint in sich vollkommen stimmig, und die Kinder „schweben" geradezu auf ihrem musikalischen Können – offenbar ohne Druck, ohne Kritik, ohne Intervention von außen. Hier scheint ein Stadium musikästhetischer Erfahrung erreicht zu sein, das mit Worten kaum noch präzise zu beschreiben ist. Die Kinder spüren so etwas wie eigene Resonanz. Die Selbstwahrnehmung ist intensiver. Einige empfinden dieses Gefühl, wenn sie auf ihrem Instrument allein zu Hause spielen, bei manchen stellt es sich beim gemeinsamen Musizieren mit anderen ein. Diese Erfahrungen sind sehr subjektiv aufgeladen. Aber darin sollte auch der entscheidende Sinn des eigenen Musikmachens liegen. Aber, wie gesagt: Ein „Flow"-Erlebnis ist eher selten. Je älter Kinder werden, desto seltener haben sie das Gefühl, mit der Musik auf ihrem Instrument „wegzuschweben". Zu viele Einflüsse von außen mischen sich ein (Leistungserwartungen, kritische Selbstreflexion, Ängste vor falschen Tönen usw.), stören und behindern den „Flow". Zu sehr drängen sich konkrete Motive in den Vordergrund: den richtigen Fingersatz finden, eine bestimmte Passage besser hinbekommen, Verbesserung der Haltung des Instrumentes etc. Von diesen Motiven wird der „Motivationszirkel" in Bewegung gehalten.

Um also so weit zu kommen, mit seinem Musikinstrument „Flow" zu erleben, sind einige Hürden zu überwinden. Dennoch: Motivationskrisen erlebt jedes Kind irgendwann einmal, auch wenn am Anfang die Lust am Musizieren bei den meisten Kindern noch recht ausgeprägt ist. Auf der Grundlage des „Motivationskreislaufs" kann gezielt geholfen werden. Entsprechende Krisen können von ganz unterschiedlichen Positionen ausgehen. Umgekehrt kann der „Motivationszirkel" von jeder Position aus von außen gezielt wieder in Bewegung gesetzt werden.

Wenn Motivationskrisen auftreten: Wie geht man damit um?

Um Motivationskrisen anzugehen und zu vermeiden, dass Ihr Kind ganz mit dem Üben aufhört, sollten Sie wissen, was die Ursachen dafür sind, dass Ihr Kind nicht mehr üben möchte. Sie können recht vielfältig sein:

– *der Unterricht beim Instrumentallehrer*: Unter- oder Überforderung im Unterricht, zu viel Kritik, häufige Vergleiche mit anderen Schülern, falsche Werkauswahl, zu eintöniger Unterricht etc.
– *zu viele Verpflichtungen:* Doppelbelastung von Schule und Instrument bzw. zu viele Hausaufgaben, zu viele Hobbys, andere Freizeitinteressen etc.
– *die Lernsituation zu Hause*: überzogene Erwartungen, zu viel Einmischung, zu wenig wirkliches musikalisches Interesse der Eltern, für das tägliche Üben ungünstige Tagesplanung etc.

Konzentrieren wir uns auf den Bereich, auf den Sie als Eltern selbst direkten Einfluss haben bzw. nehmen können. Die im Motivationskreislauf aufgeführten Ebenen sind übertragbar auf Lernumstände zu Hause, die das Übenverhalten Ihres Kindes durchaus positiv beeinflussen können. Die Ursache eines Motivationskonflikts wird kaum auf allen Ebenen gleichzeitig liegen. Häufig ist es nur ein einziger Aspekt, der die Motivation stört. Gehen wir die einzelnen Ebenen im Detail durch, beginnend mit der Ebene des Motivs:

Das Motiv muss stimmen

Eltern sollten eigene Wünsche nicht an ihre Kinder delegieren – vor allem im Jugendalter nicht.

Ganz allgemein können wir davon ausgehen, dass Musikhören und vor allem eigenes Musizieren die Funktion hat, das menschliche Grundbedürfnis nach Selbstverwirklichung, individueller Orientierung, Selbstwahrnehmung und -ausdruck, Sicherheit und Bedeutung zu unterstützen. Diese Perspektiven werden Ihrem Kind sicher kaum bewusst sein, wenn es sein Musikinstrument in die Hand nimmt. Sie sind aber von Anfang an im Spiel. Beginnen

Kinder mit dem Instrumentalspiel, sind sie in der Regel sehr enthusiastisch. Psychologisch gesprochen dominiert hier die intrinsische (von innen kommende) Motivation. Als kürzlich Hanna (10 Jahre) mit ihrer Freundin Jona (9 Jahre) zum ersten Mal zum Cellounterricht kam, hatten beide am freien Spiel von Tönen auf leeren Saiten so viel Spaß, dass sie beschlossen, sich gleich nach der Cellostunde zu Hause zu treffen, um gemeinsam Cello zu üben. Von ihren Müttern erfuhr ich später, dass sie an dem betreffenden Nachmittag gar nicht mehr aufhören wollten. Das heißt, selbst wenn Kinder zunächst nur einzelne Töne spielen können, bereitet ihnen dies schon großen Spaß. Schaffen sie es, bald erste Melodien oder ihnen bekannte Werke zu spielen, werden sie gern weiterhin „am Ball bleiben".

Kommt es bei Kindern zu Übe- und Motivationsproblemen, kann bereits auf der Motiv-Ebene eine entscheidende Ursache liegen, wenn zwischen den Erwartungen der Eltern und ihrer Kinder kein Konsens besteht. Werden Eltern nach den konkreten Motiven gefragt, warum sie ihre Kinder zum Instrumentalunterricht anmelden, dann lassen sich hier mehrere grundsätzliche Antriebe unterscheiden:

- Musizieren wird als ein wichtiger Beitrag zur persönlichen Entwicklung des Kindes angesehen,
- Musizieren gilt als notwendiger Bestandteil einer guten Ausbildung,
- dem Kind soll eine sinnvolle Freizeitbeschäftigung ermöglicht werden,
- das Kind soll Spaß am eigenen Musizieren bekommen.

Damit stehen primär musikalische Aspekte im Vordergrund. Aber auch nicht-musikalische Absichten werden gern an die Kinder delegiert, wenn deren Musizieren nur als Mittel zum Zweck benutzt wird, um beispielsweise gesellschaftliche Anerkennung zu erhalten, weil es zum „guten Ton" gehört. Auch die (momentane) Notlösung gehört in den Bereich der nicht-musikalischen Motive, wenn im Schulorchester oder im familiären Streichquartett beispielsweise das Cello fehlt und das Kind angehalten wird, dieses Instrument zu erlernen, weil es ein Mangelinstrument ist. Psychologen gehen davon aus, dass delegierte Motive anderer sehr zentrale Faktoren sind, welche den Wunsch eines Kindes zum Beginn des Instrumentalunterrichts bestimmen können, in positiver wie negativer Hinsicht. Der psychoanalytisch orientierte Familientherapeut Helm Stierlin geht in seiner „Delegationstheorie" davon aus, dass Eltern nicht nur generell an ihre Kinder bestimmte Aufträge erteilen bzw. an sie bestimmte Wünsche richten, die sie erfüllen sollen, sondern gerade im Bereich der Musik. Häufig handelt es sich dabei um Lebens- oder Berufswünsche, die die Eltern verinnerlicht, aber in ihrem bisherigen Leben nicht verwirklicht haben oder nicht realisieren konnten, weil beispielsweise finanzielle oder zeitliche Gründe dagegen sprachen. Gerade das Erlernen eines Instruments delegieren Eltern gern an ihre Kinder, wenn sie es selbst nicht geschafft haben, den mehr oder weniger mühevollen und langfristigen Lernprozess auf sich zu nehmen.

Die Auswirkungen von Delegationen können recht unterschiedlich sein: Positiv wirkt sich die Delegation bei denjenigen Kindern aus, die sie von ihren Eltern annehmen. Hier wird es höchstwahrscheinlich selten zu Motivationsproblemen beim täglichen Üben kommen. Die Delegation fördert in diesem Fall häufig sogar eine gute musikalische Entwicklung des Kindes. Probleme entstehen jedoch, wenn die Kinder sich weigern, die Delegationen ihrer Eltern anzunehmen. Delegationsverweigerungen können auf allen Altersstufen auftreten. Bekanntlich entstehen die meisten Konflikte jedoch zwischen Eltern und Jugendlichen in der Phase der Pubertät. Dies ist auch das Alter, in dem die meisten Instrumentalschüler mit dem Unterricht aufhören. Da sich die hier ausbrechenden Konflikte bereits vorher anbahnen, sollten wir uns zunächst mit dieser Phase näher beschäftigen. Vielleicht können Sie dadurch mancher Krise rechtzeitig vorbeugen.

Die Persönlichkeitsentwicklung des Jugendlichen wird im Wesentlichen von der Suche nach einer eigenen Identität geprägt. Die Zeit vor dem Einsetzen der Pubertät (also das Alter zwischen 10 und 13 Jahren) stellt einen Höhepunkt der intellektuellen Leistungsfähigkeit des Kindes dar. Die bestehende Welt wird mit dem Eintritt in die Pubertät zunehmend nicht mehr nur erforscht und ausgelotet, sondern auch kritisch hinterfragt. Dadurch geraten bis dahin übernommene und größtenteils akzeptierte Normen und Werte ins Schwanken. Manche Illusion wird zerstört. Die (kritische) Auseinandersetzung mit nahezu allen Aspekten der eigenen Lebenswelt betrifft nicht nur die Eltern, sondern vielfach auch das Instrumentalspiel.

– Die eigenen Fähigkeiten und potenziellen Erfolgsmöglichkeiten, die Eltern oder Lehrer in der Vergangenheit immer wieder ausdrücklich in den Vordergrund gestellt und prophezeit hatten, stellt der Jugendliche unter Umständen radikal in Frage.
– Haben bis dahin die Eltern den Instrumentalunterricht forciert und sind die Kinder dem Wunsch der Eltern mehr oder weniger gehorsam gefolgt, wird vor allem das häusliche Üben nun mehr und mehr boykottiert, quasi als Protest.

Der Jugendliche wird nun stark von der Aufgabe beansprucht, eine eigene Identität auszubilden und eigene Prioritäten zu entwickeln – auch in musikalischer Hinsicht. Im Allgemeinen sind Jugendliche in dieser Phase hoch motiviert, die eigene Welt (wieder) in den Griff zu bekommen und bereit, dafür viel Energie aufzuwenden. Darum neigen sie unter Umständen dazu, sich zu übernehmen, zu viele Verpflichtungen einzugehen, die dann nicht mehr alle einlösbar sind. Manche Jugendliche wirken in dieser Situation sehr gereizt und aufmüpfig, andere reagieren darauf sehr passiv, wirken kraftlos und gelangweilt. Es liegt nahe, dass mancher innere und äußere Kampf so viel Energie kostet, dass die Kraft zum Üben fehlt – manchmal tagelang.

Prinzipiell sind Jugendliche daran interessiert, sich für etwas einzusetzen. Ist dabei ein konkreter Sinn erkennbar, bringen sie auch das nötige Einsatzvermögen auf. Der in der Pubertät verstärkt zum Ausdruck kommende Sinneswandel wirkt sich auch auf ihre musikalischen Motive aus: andere Wertesysteme, andere Prioritäten, andere Perspektiven der musikalischen Selbstentfaltung treten in den Vordergrund. Der Jugendliche spielt beispielsweise in der Musikschule gern „seinen" Bach. Anschließend hört er zu Hause mit ähnlicher Begeisterung Technomusik oder lädt sich per Internet interessante Musiksamples herunter, stellt sich seine Musik zusammen und verändert sie vielleicht individuell.

Wir leben in einem gesellschaftlichen Umfeld, in dem traditionelles Musizieren nicht mehr denselben Stellenwert besitzt wie in früheren Zeiten. Kinder und Jugendliche sehen sich einem breiten Spektrum von Freizeitmöglichkeiten gegenüber, das ihnen vielfältige Möglichkeiten zur Selbstentfaltung und -verwirklichung bietet. Kinder und Jugendliche verbringen ihre Freizeit selbstbestimmter als früher. Wenn es darum geht, die Freizeit mit Musik zu verbringen, sogar selbst Musik zu machen, sind ihre Aktivitäten recht heterogen. Die Vielfalt der zur Verfügung stehenden Angebote kann sich – auch wenn sie prinzipiell zu begrüßen ist – negativ auf jene Ausdauer und Einsatzbereitschaft des Kindes auswirken, die zum eigenen Musizieren wichtige Voraussetzung sind.

Zeichnet sich bei Ihrem Kind ab, dass die nachlassende Bereitschaft zum Üben prinzipiell in mangelnder Motivation begründet ist, dann sollten Sie sich die grundsätzlichen Motive des Strebens nach mehr Sicherheit, Orientierung und Bedeutung vor Augen halten, die in jedem Menschen stecken. Sie sind von Bedeutung auch für das eigene Musikmachen. Als Eltern können Sie Ihrem Kind vor diesem Hintergrund in mehrfacher Hinsicht behilflich sein:

♪ *Auch „klassische" Musik sollte das musikalische Klima zu Hause prägen!*
Das musikalische Klima im Elternhaus hat ein großes Gewicht in der musikalischen Sozialisation der Kinder. Dabei sind es nicht so sehr einzelne intensive musikalische Aktivitäten, sondern die Summe aus verschiedenen Aktivitäten, die dieses musikalische Klima ausmachen. Der Besuch von Konzerten, das Hören von Musik durch Medien (vgl. S. 178), vor allem aber das aktive Musizieren der Eltern wirken auf Kinder anregend. Auch wenn Sie selbst kein Instrument spielen: Geben Sie Ihrem Kind rechtzeitig sinnvolle musikalische Orientierungshilfen!

♪ *Überprüfen Sie Ihre musikalischen Delegationswünsche bzw. delegieren Sie nicht (zu viel)!*
Das eigene Musikmachen Ihres Kindes darf nicht zu einer Beeinflussung werden, die mit seinen eigenen Zielen und Motiven gar nichts zu tun hat. *Lassen* Sie Ihr Kind nicht nur Musik machen. Seien Sie hier selber auch aktiv. Seien Sie toleranter, wenn Ihr Kind sich weigert, Dinge zu tun, die mehr Ihren Wünschen entsprechen als den seinen.

♪ *Verständnis und Toleranz Ihrerseits bringen mehr als übermäßige Strenge.*

Die Phase völliger Verweigerung dauert in der Regel nicht lange an. Ist das Stadium des Protests, der Kompromisslosigkeit, des radikalen Experimentierens im Wesentlichen überstanden, sieht der Jugendliche wieder Licht am Horizont. Er spürt wieder Erfolgserlebnisse und Anerkennung, wird optimistischer und entwickelt nun sein eigenes, realistisches Wertesystem. Er beginnt, seine Individualität und Identität zu finden und wird mehr und mehr fähig, diese Identität mit den sozialen Gegebenheiten in Einklang zu bringen. Mit anderen Worten: Falls sich Ihr Kind in einer „kritischen Phase" befindet, sollten Sie ihm den Spaß am eigenen Musikmachen, der grundsätzlich in ihm steckt, nicht durch übermäßige Strenge vollends verderben. Sprechen Sie mit dem Lehrer Ihres Kindes. Legen Sie ihm nahe, dass Ihr Kind trotz der Übepause zu Hause zumindest im Unterricht einmal wieder Erfolgserlebnisse haben sollte. Schicken Sie Ihr Kind also auch „ungeübt" in den Unterricht. Schon kleinste Erfolgserlebnisse im Unterricht können die Motivation Ihres Kindes zum Üben zu Hause wieder antreiben.

Abwechslung belebt den musikalischen Enthusiasmus

Dieser Aspekt bezieht sich auf die nächste Phase im Motivationskreislauf, das Stadium der Neugier. Kinder wollen immer mal wieder besonders gefordert werden und sind – verhaltensbiologisch betrachtet – „auf Herausforderung und Anstrengung programmiert, nicht auf das Schlaraffenland" (von Cube 1988, 17). Bekanntlich können gerade jüngere Kinder sehr neugierig sein. Die Herausforderung muss aber zum Kind passen.

Drei wesentliche Umstände können hier den Motivationskreislauf unterbrechen: Entweder ist das eigene Musikmachen zu einer Routineangelegenheit geworden. Für das Kind gibt es keine musikalischen „Highlights“ mehr. Die Abwechslung fehlt. Oder der musikalische Sinn ist nicht erkennbar. Das heißt, die ausgewählte bzw. zu übende Musik bietet keine musikalische Identifikationsgrundlage, das „falsche“ Stück ist in Bearbeitung. Oder das Kind fühlt sich in irgendeiner Weise überfordert, z.B. durch zu schwere Stücke. Wird nun die Motivationsgrundlage positiv verändert, so kann sich beim Kind die Bereitschaft, Neues auszuprobieren, neu bilden. Kinder sind musikalisch recht anspruchsvoll: Muss aber das „falsche“ Stück geübt werden, träumt Ihr Kind von Jazz und Pop, während es Czerny und Bach üben soll, wird es nicht allzu viel Neugier entwickeln.

♪ *Sorgen Sie für weitere musikalische Anregungen auch außerhalb des Instrumentalunterrichts.*
Vielleicht gibt es in der Nachbarschaft Kinder, die ebenfalls ein Instrument spielen. Ein kleines gemischtes Ensemble lässt sich recht schnell zusammenstellen. Zu passenden Notenausgaben wird Ihnen Ihr Lehrer gute Tipps geben können. Inzwischen gibt es Musikarrangements für diverse Ensemblebesetzungen. Durch das gemeinsame Spielen mit anderen erfährt Ihr Kind einen neuen Sinn im eigenen Musikmachen. Es merkt, wofür es sich lohnt, mehr zu üben.

♪ *Kleine Neuanschaffungen können manchmal Wunder wirken.*
Eine Übekrise kann manchmal sogar durch eine Veränderung der Spiel- und Übebedingungen beendet werden: einen neuen Notenständer, der besser funktioniert, eine neue Saite, die schöner klingt, eine neue Bespannung der Bogenhaare, ein neu gestimmtes Klavier etc.

♪ *Sorgen Sie für optimale Ausgangsbedingungen.*
Achten Sie auf die richtige Übeumgebung zu Hause. Das

Instrument, der Notenständer und die Noten sollten leicht erreichbar sein. Ein aufgestellter Notenständer, auf dem die Noten bereits liegen, lädt mehr zum Üben ein, als wenn alles zwar ordentlich, aber distanziert verpackt ist. Ungünstige Ausgangsbedingungen lassen u. U. manche Neugier von vornherein gar nicht erst aufkommen oder wirken zumindest bremsend.

♪ *Manchmal ist ein Lehrerwechsel nicht zu vermeiden.* Überprüfen Sie, ob Ihr Kind den „richtigen" Lehrer hat (Kriterien vgl. S. 136 f.). Wo nichts oder wenig geht, bietet sich quasi als letzte Möglichkeit die Suche nach einem neuen Lehrer an, der das Kind wieder neugierig werden lässt.

Verunsicherungen reduzieren

Strahlen Sie Zuversicht und Bewunderung statt kategorischer Strenge aus.

Halten wir in Bezug auf die dritte Phase im Motivationszirkel fest: Neugier ist grundsätzlich der Auslöser im Motivationsprozess, kann aber auch verunsichernd wirken. Wesentlicher Störfaktor kann hier eine unausgewogene Balance zwischen der individuellen Herausforderung und dem aktuellen Könnensstand des Kindes sein: Das Kind fühlt sich dann auf seinem Instrument über- oder unterfordert. Auf der Basis der vorhandenen bzw. gerade geweckten Neugier sollten Aufgaben generell so gestellt werden, dass das Niveau *etwas* oberhalb des individuellen Fertigkeits- und Fähigkeitsniveaus des Kindes liegt. Auf diese Weise wird die Erfolgszuversicht des Kindes nicht beeinträchtigt.

Störungen der Balance zwischen Herausforderung und Können dürfen nur vorübergehend sein, sonst schwindet die Wahrscheinlichkeit eines Erfolgserlebnisses. Es gilt also, möglichst dauerhaft ein positives Verhältnis zu schaffen zwischen der subjektiven Einschätzung der Größe der Herausforderung und der Beurteilung des eigenen Könnens. Dabei sind nicht die *tatsächlich* vorhandenen Fertigkeiten entscheidend, sondern vor allem, wie *das Kind selbst* seine Fertigkeiten in Relation zu den anstehenden Herausforderungen einschätzt.

♪ *Vermeiden Sie zu viel Leistungsdruck!*
Verunsicherung kann in dieser Phase aus zu viel Leistungsdruck resultieren. Das Kind fühlt sich überfordert. Die Balance zwischen Herausforderung und Können kann nur wieder hergestellt werden, indem externe Erwartungen reduziert werden.

Eine gewisse – am besten indirekte – Kontrolle beim Üben ist nie verkehrt. Aber zu viel Leistungskontrolle empfindet Ihr Kind als Zwang. Musik sollte nicht zu einem Leistungsfach der Kinder werden, es sei denn, die leistungsorientierte Motivation geht von den Kindern selbst aus. Spüren Kinder zu viel Erwartungsdruck von außen, werden sie verunsichert. Ihre Motivation wird gebremst. Wird beispielsweise gleich zu Anfang ein zu teures Instrument angeschafft, zieht dies einen hohen Erwartungsdruck auf das Kind nach sich: Ein eventueller Wechsel zu einem anderen Instrument scheint kaum mehr möglich.

Ein zu strenges Lernklima zu Hause bremst ebenfalls die Motivation Ihres Kindes: Sorgen Sie für eine aufgeschlossene und positiv ausgerichtete Lernatmosphäre. Aus vielen Situationen des Alltags wissen wir, dass wir uns besser und effektiver etwas aneignen, wenn die emotionalen Umstände günstig sind und wir uns wohl fühlen, also eine Atmosphäre des Vertrauens und der Zuversicht dominiert. Das gilt generell für alle Lernsituationen und ganz besonders für Lernprozesse beim Instrumentalspiel.

♪ *Vermeiden Sie den direkten Vergleich mit anderen!*
Ebenfalls nicht empfehlenswert sind Vergleiche mit strebsamen und entsprechend erfolgreichen Geschwistern oder Freunden am Instrument. Damit bauen Eltern eine Konkurrenzsituation zwischen Geschwistern auf, die sie selbst nicht wünschen können und die unter Umständen das gesamte Familienklima negativ beeinflusst. Das sprichwörtliche „Feuer" des Ansporns, das Eltern mit positiver Absicht legten, kann sich schnell und unkontrolliert zu einem familiären Flächenbrand ausweiten.

Fazit: Bei allen bisher aufgeführten Methoden zum Zwecke eines ausreichenden und qualifizierten Übens können Sie schnell in die Peinlichkeit erzieherischer Inkonsequenz und Unglaubwürdigkeit geraten.

Treffen Sie stattdessen mit Ihrem Kind angemessene Vereinbarungen mit überschaubaren Aufgaben und kurzfristig erreichbaren Zielen bzw. Erfolgserlebnissen. Solche „Übe-Verträge" müssen nicht unbedingt lange in Kraft sein. Schon nach wenigen Wochen, manchmal sogar wenigen Tagen kehrt wieder Normalität ein und Ihr Kind übt wieder mehr oder weniger freiwillig. Zwei Beispiele für eine vertragliche Vereinbarung:

10 Minuten Celloüben, dafür anschließend 20 Minuten Computerspiel.

Jedes vom Lehrer aufgegebene Stück dreimal durchspielen und dann für den Tag „abhaken".

♪ *Bringen Sie Ihrem Kind mehr musikalische Anerkennung und Bewunderung entgegen; bleiben Sie zuversichtlich.*
In Phasen der Verunsicherung werden häufig gar nicht die mangelnden Fertigkeiten zum Problem, sondern eher unser Selbstvertrauen. Und jeder weiß auch, dass es leicht ist, die Anforderungen zu erhöhen. Das Selbstvertrauen

eines Kindes jedoch zu erhalten und unter Umständen sogar noch steigern, ist häufig wesentlich schwieriger.

Versetzen wir uns ganz konkret in die Lage einer solchen Verunsicherung: Nicht fähig zu sein, das, was um uns herum geschieht, zu beeinflussen, verursacht leicht Gefühle von Hilflosigkeit und Unzulänglichkeit. Diese Gefühle tragen erheblich dazu bei, unser Selbstvertrauen zu zerstören. Und mangelndes Selbstvertrauen ist ein großes Hindernis bei musikalischen Lernprozessen. Umgekehrt kann das Gefühl, Kontrolle zu haben, wieder neue Sicherheit vermitteln. Das muss in zweifacher Hinsicht geschehen: Zum einen, indem man die Herausforderung so definiert, dass sie überwindbar erscheint; zum anderen, indem man das Selbstvertrauen des Kindes so stärkt, dass es sich der Herausforderung gewachsen fühlt. Dazu braucht es positives Feedback. In meiner Unterrichtspraxis mit Kindern ist mir aufgefallen, dass Kinder häufig das Gefühl haben, musikalisch nicht viel zu können. Dabei sind sie von Anfang an kleine Künstlerpersönlichkeiten und zum Teil musikalische Kenner, auf gar keinen Fall musikalische Analphabeten – zumindest in unserer medienübersättigten Zeit. Sie haben in der Regel schon viel Musik gehört, haben zu Hause, im Kindergarten oder in der Schule viele Kinderlieder kennen gelernt. Die meisten verfügen bereits über musikalische Präferenzen, haben sich einen individuellen Musikgeschmack gebildet.

Das gerade in der Pubertät erwachende kritische Bewusstsein richtet das Kind auch auf das eigene Können. Das bedeutet, dass nun besondere Anerkennung und Bewunderung von außen für das, was ihm gelingt, wichtig sind. Auf diese Weise können Jugendliche sogar ein ausgeprägtes Wettbewerbsbewusstsein entwickeln. Findet sich allerdings die gewünschte Anerkennung nicht, können sie sehr darunter leiden, denn ein entscheidendes Problem in diesem Alter ist die Furcht vor dem eigenen Versagen. Das heißt, ein zu hohes Anspruchsniveau, das sich nicht durch konkrete Leistungen realisieren lässt, macht vor allem Jugendliche schnell mutlos und kann schließlich zu völliger Resignation führen.

Achten Sie also darauf, bei Verunsicherungen gerade die individuellen Fortschritte Ihres Kindes wertzuschätzen – und seien sie noch so klein.

> *Die eigene Anstrengung des Kindes zählt*
>
> *Fördern Sie Selbstständigkeit und Eigeninitiative, statt zu kontrollieren und zu kritisieren.*

Sind das „richtige" Motiv bzw. die „richtige" Musik im Spiel, ist die entsprechende Neugier Ihres Kindes geweckt, fühlt sich Ihr Kind nicht verunsichert, ist es zuversichtlich im Hinblick auf den eigenen Erfolg, muss es sich dennoch selbst anstrengen, um ihn zu realisieren. Dazu sind Kinder in der Regel bereit. Aber auch in solchen Anstrengungs-Phasen kann es zu Störungen im Motivationsprozess kommen, vor allem dann, wenn Kinder zu wenig Gelegenheit zu Eigeninitiative und Verantwortung bekommen.

Denken Sie einmal an jene – für Sie sicher ebenfalls nervenaufreibenden Phasen –, wenn Ihr Kind zu Hause etwas unbedingt selbst machen möchte: die Schuhe selbst anziehen, die Hose aus dem Kleiderschrank heraussuchen, sich selber den Apfelsaft aus dem übergroßen Vorratspack einschenken. Da geht bekanntlich auch mal etwas schief, und wir würden in unserem gestressten Familienalltag viel Zeit gewinnen, wenn wir die betreffende Sache schnell selbst erledigen würden. Aber der Drang zum Selbermachen ist aus entwicklungspsychologischer Perspektive sehr wichtig. Das Bedürfnis, selbstständig zu sein, selbst der Verursacher eines Effektes zu sein, ist tief in uns verwurzelt. Und offenbar wissen unsere Kinder in der Regel auch, dass sich der Einsatz lohnt, denn durch eigenes Handeln wird ihr Gefühl für Sicherheit in der Regel größer, vielleicht sogar optimiert. Zumindest wächst das Gefühl der eigenen Kompetenz und damit auch die Chance stark an, mit seinen Fähigkeiten weiterzukommen – und das gilt natürlich auch für den Bereich der Musik.

Bedingung dafür ist in diesem Stadium der Anstrengung aber weiterhin die generelle Zuversicht, das Ziel auch tatsächlich erreichen zu können. Und diese Erfolgszuversicht wiederum hängt stark vom Selbstkonzept des Kindes ab. Es ist nicht nur allgemein geradezu von existenzieller Bedeutung für die seelische Stabilität und die Regulierung des psychischen Haushalts, um im Leben eventuelle Krisen bewältigen zu können, sondern auch bei ganz konkreten Aktivitäten wie etwa dem Musikmachen.

Möchten Sie Ihr Kind in Phasen, in denen es sich ganz besonders anstrengt, gezielt unterstützen, geht es vor allem darum, ihm beim Aufbau seines Selbstkonzepts behilflich zu sein. Das kann auf verschiedenen Ebenen geschehen:

♪ *Loben Sie alles, was Ihr Kind selbstständig hinbekommen hat.*
Faktoren wie Begabung, Glück oder Pech sollten hier nicht weiter ins Spiel kommen. Diese Faktoren sind für ein Kind nicht steuer- und direkt kontrollierbar. Der Aufbau und die Stabilität des Selbstkonzepts können wesentlich durch die Förderung von Eigeninitiative, Selbstständigkeit sowie die Übernahme von Verantwortung für das eigene Handeln unterstützt werden. Auf diese Weise lässt sich auch die Entwicklung einer gesunden, vom Kind ausgehenden Leistungsorientierung fördern.

Konkret bedeutet das:

♪ *Lassen Sie Ihr Kind selber (Nah-)Ziele aufstellen.*
Dadurch fühlt es sich für sein Handeln selbst verantwortlich. Und Eigenverantwortung bringt den Motivationskreislauf wieder in Schwung. Drei Beispiele:

– Lassen Sie auch einmal Ihr Kind den Übezeitplan der Woche aufstellen.
– Ihr Kind sollte entscheiden, wie viele „Fehler" es beim einzuübenden Stück maximal machen darf.
– Ein Ziel kann (irgendwann) die Aufnahme mit dem Kassettenrecorder sein. Das Stück kann auch in Etappen aufgenommen werden.

♪ *Geben Sie Ihrem Kind häufig Gelegenheit, selbst zu entscheiden.*
Wägen Sie immer wieder ab, wie viel direkte Einmischung in Anstrengungsphasen wirklich nötig ist und was und wie viel Ihr Kind selbst entdecken, herausfinden, erarbeiten oder mitbestimmen kann.

♪ *Machen Sie „Verträge" mit Ihrem Kind.*
Wer kennt das nicht: Das Computerspiel oder das Treffen mit Freunden ist für Ihr Kind viel reizvoller als das mühevolle tägliche Üben auf dem Instrument. Das Kind ist einfach nicht bereit, sich auch nur kurze Zeit ans Klavier zu setzen, um die dreizeilige Etüde und das kurze Menuett zu üben. Das kostet manchmal viel Kraft – für Eltern und Kind. Strafen Sie die Übe-Unlust nicht mit Fernsehverbot, mit reduzierten Freundeskontakten, mit Fußballsperre oder sonstigem Entzug von bevorzugten Aktivitäten. Ihr Kind wird dadurch weder sein Instrument noch die Musik lieben lernen. Erfahrungsgemäß können derartige Sanktionen oft gar nicht konsequent eingehalten werden. Eltern laufen dadurch Gefahr, vor sich selbst und ihrem Kind ein Stück weit unglaubwürdig zu werden. Verzichten Sie möglichst (auch wenn es

manchmal schwer fällt) auf das Argument des „vielen Geldes“, das Sie investieren.

Und die Androhung einer Abmeldung vom Unterricht? Sie bewirkt im ungünstigsten Fall, dass das Kind erfreut zustimmt, um möglichst bald von der Unterrichtsbelastung befreit zu sein. Im Übrigen ist in den meisten Fällen eine sofortige Abmeldung gar nicht möglich, weil Eltern den Unterricht bis zum Quartals- oder Halbjahresende finanzieren müssten. Kinder wissen das – die Drohung verliert damit ihre Wirksamkeit.

Kinder akzeptieren in der Regel gegenseitige Verträge, halten sich meist daran.

Damit sind wir schon fast am Ende unseres Motivationszirkels:

Der wahre musikalische Erfolg steckt im „Flow“-Erlebnis

Möglichst täglich ein musikalisches Erfolgserlebnis.

Haben wir uns besonders angestrengt, wollen wir das Erreichte auch besonders genießen können. Das gilt auch für Kinder. Und es gilt für das eigene Musikmachen. Bleiben Erfolgserlebnisse aus, kann auch dadurch die Übemotivation Ihres Kindes beeinträchtigt sein:

Am Ende einer Anstrengungsphase sollte die Sicherung des Erfolgs stehen. Für Ihr Kind muss erkennbar werden, dass es durch eigene Anstrengung und mit Hilfe Ihrer direkten und indirekten Unterstützung etwas Neues erlernt, Sicherheit hinzugewonnen hat. Dann wird es auch weiterhin bereit sein, sich mit seinem Musikinstrument neuen Herausforderungen zu stellen, neue „Risiken“ auf sich zu nehmen, also das Gleichgewicht zwischen Herausforderung und Können immer wieder neu herzustellen.

So können Sie Ihrem Kind deutlich machen, dass es erfolgreich ist:

- *Nehmen Sie ab und zu das musikalische Resultat mit dem Kassettenrecorder oder der Videokamera auf,* vorausgesetzt, Ihr Kind ist damit einverstanden. Kassetten lassen sich leicht kopieren und beispielsweise an Verwandte und Bekannte verschenken.

- *Arrangieren Sie gelegentlich zu Hause ein kleines Vorspiel.* Wenn das Kind das eingeübte Stück im Familienkreis, bei Festen oder bei einer Feier im Kindergarten oder der Schule vortragen darf, bekommt es weitere positive Impulse für seine psychische Entwicklung. Es kann sein Werk voller Stolz vorzeigen, gewinnt an Selbstbewusstsein und Ichstärke. Das Kind lernt dabei außerdem, sich darzustellen, abzuwarten, Unsicherheiten zu überwinden, sich dem Gruppengeschehen und gegebenen Situationen anzupassen und im Mittelpunkt zu stehen. Dadurch werden das Selbstbewusstsein, die Selbstsicherheit und die Eigeneinschätzung gefördert. Sie sollten jedoch Ihr Kind niemals dazu zwingen, ein Stück vorzutragen. Jedes Kind hat das Recht, selbst zu entscheiden, ob überhaupt und zu welchem Zeitpunkt es das will. Denn ein solcher „Auftritt" setzt bereits ein gewisses Maß an Selbstsicherheit voraus. Sie sollten Ihrem Kind zwar Möglichkeiten bieten, sich zu präsentieren, allerdings ohne große Erwartungshaltung! Dass hier ästhetische Kriterien nichts zu suchen haben, versteht sich von selbst.

- *Schaffen Sie Mitspiel-CDs oder -MCs an.* Um den Spaß am Spielen bzw. Musikmachen besonders zu unterstützen, veröffentlichen Musikverlage zunehmend Notenausgaben mit CDs oder Musik-Kassetten zum Mitspielen. Das Angebot ist heute recht vielseitig.

Es reicht von klassischen Werken bis zu Arrangements, in denen bekannte Melodien und „Hits" zum Nach- oder Mitspielen bzw. als Grundlage zur eigenen Improvisation angeboten werden. Damit wird Schülern Gelegenheit gegeben, schon relativ früh kreativ Musik zu „machen" - eine besondere musikalische Herausforderung und Motivation. Sprechen Sie mit dem Lehrer Ihres Kindes über Mitspiel-CDs und -MCs; er wird Sie gut beraten können.

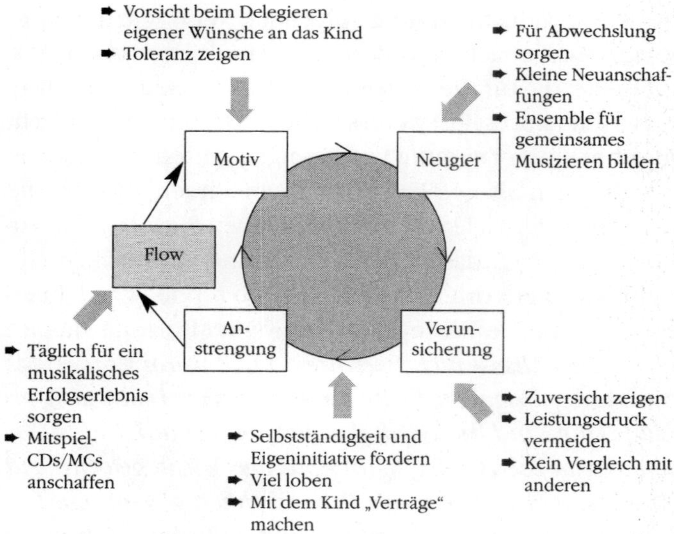

Abb. 2: Einflussmöglichkeiten auf den „Motivationszirkel"

Wenn mein Kind einfach nicht mehr mag – war dann alles umsonst?

Motivationskrisen können sich auch über längere Zeiträume hinziehen. Nicht selten ist es dann nur noch die Bindung an den Unterrichtsvertrag mit halb- oder vierteljährlicher Kündigungsfrist, die wenigstens das regelmäßige Erscheinen im Unterricht sichert. Darüber hinaus geht nichts mehr. Das Kind weigert sich strikt, zu Hause das Instrument in die Hand zu nehmen, geschweige denn zu üben. Seine Freizeitinteressen haben sich auf andere Hobbys verlagert oder überhaupt erst in eine bestimmte Richtung entwickelt. Der familiäre Hausfrieden ist gefährdet. Enttäuschte Erwartungen, auch Ihre nicht erfüllten Hoffnungen geraten in Widerstreit mit dem, was Ihr Kind will - und möglicherweise auch dringend braucht. Es wird gegengerechnet: das investierte Geld, die Zeit, Kraft und Geduld. Kann man hier von einer Verlustrechnung sprechen? Nein! Wie eingangs gesagt: Musikmachen fördert in jedem Fall gewisse Transfereffekte, die für die Persönlichkeitsentwicklung des Kindes wichtig sind, selbst wenn sich der Instrumentalunterricht nur über einen Zeitraum von wenigen Jahren erstreckte.

Sollte man also wöchentlich nachrechnen, ob sich die Investition der vielen Euro lohnt? Freuen Sie sich doch zunächst darüber, dass Ihr Kind zumindest musikalische Grundlagen erworben hat, die nicht so schnell wieder verloren gehen. Die Tübinger Psychologin Marianne Hassler meint dazu: *„Es ist nichts verloren. Auch wenn Kinder das Musizieren aufgeben, bleibt ihnen vieles ihr Leben lang erhalten. Ihr Kind hat in all den Jahren viel durch das Verstehen und die Beschäftigung mit der Musik gelernt und für die Entwicklung seiner Persönlichkeit gewonnen. Unmittelbarer, als es Worte vermögen, kann Ihr Kind sich durch Musik ausdrücken, sensibel und intuitiv mit Menschen kommunizieren. Eine Fähigkeit, die es immer wieder Freunde finden lässt – die sich an dem erfreuen, was es gelernt hat.“* (Hassler 1998, S. 54)

Sollte also wirklich kein Ausweg aus der Übekrise in Sicht sein: Lassen Sie los, geben Sie nach! Das Kind wird später unter Umständen seinen musikalischen Weg (wieder)finden und hat dafür auf jeden Fall entscheidende musikalische Grundlagen erworben. Erfahrungsgemäß kommen viele Menschen, die als Kind Instrumentalunterricht hatten, als Erwachsene auf ihr Instrument zurück, fangen aber eben nicht ganz von vorne an und sind ihren Eltern sogar irgendwie dankbar.

Das Wichtigste zum Thema „Üben" im Überblick

Kinder machen gern Musik! In der Regel üben sie auch gern. Aber immer wieder geraten sie in Phasen, in denen das Üben keinen Spaß macht und geradezu verweigert wird. Im Folgenden finden Sie noch einmal alles, worauf es ankommt, wenn Sie Ihr Kind vor allem beim Üben zu Hause optimal unterstützen wollen, in Kürze.

Zunächst noch einmal zu den Bedingungen für einen guten Start:

- Die Wahl des Instrumentes sollte vor allem vom Kind selbst ausgehen.
- Vor der Entscheidung für ein bestimmtes Instrument eine Musikschule besuchen (Veranstaltung, Hospitation im Unterricht etc.) bzw. das Kind zu Beginn verschiedene Instrumente (nacheinander) ausprobieren lassen.
- Unterrichtsbeginn möglichst nicht mit der Einschulung, eher ein halbes Jahr vorher oder nachher.
- Am Anfang nicht gleich ein zu teures Instrument anschaffen.

Vorsicht mit Leistungsdruck!

- So viel Lenkung wie nötig, so wenig wie möglich.
- Nicht zu hohe Erwartungen an das Kind stellen (Musikmachen sollte nicht zu einem „Leistungsfach" der Kinder werden).
- Leistungsorientierte Motive sollten von den Kindern selbst ausgehen.
- Zu Beginn muss sich das Kind erst an die tägliche Übe-

verpflichtung gewöhnen; eine bestimmte, regelmäßig festgelegte Zeit zum Üben ist dabei häufig hilfreich.

- Beim Musizieren sind Fehler erlaubt.
- Alle notwendigen Entscheidungen möglichst gemeinsam mit dem Kind treffen.
- Keine Überforderung durch zu viele Hobbys.
- Überprüfen Sie zwischendurch immer wieder einmal Ihre Leistungsansprüche Ihrem Kind gegenüber.

Indirekte Hilfe beim Üben zu Hause:

- Instrument/Notenständer/Noten müssen für das Kind zu Hause leicht erreichbar sein.
- Geht Ihr Kind verschiedenen Freizeitaktivitäten nach, braucht es Ihre Hilfe bei der Zeiteinteilung zum Üben.
- Kindern im Vorschulalter beim Stimmen des Instrumentes behilflich sein.
- Sich beim Üben möglichst im Hintergrund aufhalten; nur bei jüngeren Kindern direkte Hilfestellungen geben – aber nach Absprache mit dem Lehrer.
- Für sinnvolle Zeiteinteilung sorgen: nicht gleich nach der Schule oder dem Sport üben; lieber täglich ein paar Minuten üben, als ein oder zwei Mal in der Woche eine „Marathonsitzung".
- Bei Kindern im Grundschulalter: Ein bis zwei Mal das, was sie im Unterricht lernen, zu Hause anhören.
- Für genügend Einspielzeit am Tag der Unterrichtsstunde sorgen.
- Vor dem Unterricht und regelmäßigem Üben zu Hause für entsprechende Ruhephasen sorgen.
- Für Gelegenheit sorgen, dass das Kind noch am selben Tag nach dem Unterricht das neu Erworbene zu Hause ausprobieren kann.
- Üben auch am Wochenende und an Feiertagen einplanen.
- Eine Übepause in den Ferien muss auch einmal sein. In

längeren Ferien sollte aber ab und zu einmal eine Übephase eingeplant werden.

Konkrete Übetipps:

- Beim Üben sollten Etappenziele aufgestellt werden, die kurzfristig tatsächlich erreichbar sind. Dabei ist es auch sinnvoll, das zu übende Stück in einzelne Abschnitte einzuteilen und jeden Abschnitt so lange zu üben, bis die maximale Fehlerzahl nicht mehr überschritten wird. Die Aufmerksamkeit auf wenige Aspekte reduzieren.
- Einen Übeplan aufstellen, an welchen Tagen die schwierigen Passagen wie oft geübt werden.

Erfolgserlebnisse fördern:

- Generell Interesse für die musikalischen Aktivitäten des Kindes zeigen.
- Sich über spürbare Erfolge des Kindes ausdrücklich freuen.
- Für viel Bestätigung u. Anerkennung sorgen.
- Ab und zu für kleine zwanglose Vorspielsituationen oder die Gelegenheit einer Aufnahme zu Hause sorgen, bei denen das Lieblingsstück gespielt werden kann.
- Auch Selbstständigkeit und Eigeninitiative werden von Kindern als Erfolgserlebnis empfunden. Loben Sie alles, was Ihr Kind selbstständig hinbekommen hat.

Das musikalische Umfeld zu Hause:

- Vermitteln Sie, was Musik Ihnen bedeutet und warum sie Ihnen wichtig ist.
- Besuchen Sie gemeinsam mit Ihren Kindern Konzerte; nutzen Sie spezielle Angebote für Kinder.
- Lassen Sie zu Hause auch klassische oder hochwertige Musik laufen.
- Lesen Sie Ihrem Kind ab und zu kindgerechte Musikliteratur vor (vgl. die Hinweise im Literaturverzeichnis).

♪ Pflegen Sie mit Ihren Kindern musikalische Rituale: z. B. regelmäßiges Üben vor dem Abendbrot; einmal in der Woche zu Hause einen (festen) Termin, an dem Ihnen Ihr Kind auf seinem Instrument etwas vorspielt.

Anhang

Wenn auch nach längerer Zeit noch alles gut läuft

Sind die ersten Durststrecken überwunden, vielleicht auch schon manche kleinere Krise bewältigt, hat Ihr Kind die ersten Proben und Auftritte mit dem Klassen- und/oder Schulorchester gemeistert und sich an das regelmäßige Üben gewöhnt, lässt die Lust am Musikmachen nicht nach, sondern nimmt sogar noch zu, stehen weitere Entscheidungen an. Unter Umständen zeigt sich bei Ihrem Kind eine besondere musikalische Begabung. Es möchte mit seinem Instrument noch mehr erreichen. Daraus können sich für Eltern regelrechte Gewissensentscheidungen ergeben, spätestens dann, wenn es um die Weichenstellung für das weitere Leben geht. Das beginnt bei der Frage, welche weiterführende Schule Ihr Kind nach der Grundschulzeit besuchen soll oder ob es ratsam ist, dass es am Wettbewerb „Jugend musiziert" teilnimmt, und führt irgendwann vielleicht sogar einmal zur Frage der Berufswahl, ob also beispielsweise ein Studium an der Musikhochschule aufgenommen werden soll. Gehen wir diesen drei Gewissensentscheidungen einmal nach:

Soll mein Kind später auf den musischen Zweig des Gymnasiums?

In der Regel muss in der vierten Grundschulklasse die Entscheidung über die weiterführende Schule getroffen werden. Falls Ihr Kind das Gymnasium besuchen wird: soll es ein neusprachliches, altsprachliches, naturwissenschaftliches Gymnasium bzw. der entsprechende Zweig oder vielleicht sogar das musische Gymnasium sein? Jedes Kind hat individuelle Schwerpunkte und Stärken, die die Wahl erleichtern. Bei der Frage nach dem musischen Zweig allerdings sind viele Eltern unsicher: Ist mein Kind musikalisch genug? Reichen seine Fähigkeiten auf dem Instrument für diese „Laufbahn" überhaupt aus? Wird das Kind hier nicht zu einseitig gefordert und gefördert? Was ist, wenn sich mein Kind nach einigen Schuljahren doch wieder anders entscheidet, wenn neue Interessen geweckt sind? Was erwartet das Kind überhaupt im musischen Gymnasium bzw. im musischen Zweig, wo liegen die inhaltlichen Schwerpunkte?

Beginnen wir mit der letzten Frage: Jedes musisch orientierte Gymnasium hat natürlich sein individuelles Profil. Es existiert ein vielfältiges Angebot im Bereich des Ensemblemusizierens (Chor, Orchester, Kammermusik, Bands, Musiktheater u. a.). In der Oberstufe (Sekundarstufe II) kann Musik prinzipiell als Leistungskurs oder als Grundkurs belegt werden. Hinzu kommen musikorientierte Wahlfachangebote und Arbeitsgemeinschaften. Neben den staatlichen Gymnasien können musisch interessierte Kinder auch Waldorf-Schulen und Montessori-Schulen sowie private Internatschulen wie Christophorus-Schulen und Hermann-Lietz-Schulen besuchen, an denen Musikunterricht, Musizieren und ästhetische Erziehung eine vorrangige Rolle spielen.

Das jeweilige Profil der staatlichen Schulen hängt auch von den Vorgaben der einzelnen Bundesländern ab. Dazu einige Beispiele:

In den Gymnasien mit verstärktem Musikunterricht in Baden-Württemberg erhalten die Schüler der Klassen 5 bis 11 vier Wochenstunden Klassenunterricht im Fach Musik. Darüber hinaus wird von den Schülern die Teilnahme an einem zweistündigen vokalen oder instrumentalen Ensemble und ein regelmäßiger – vom Staat nicht bezahlter – Instrumentalunterricht erwartet.

Die Schüler des erweiterten Musikunterrichts in Hessen haben durchgehend von Klasse 5 bis 10 zwei bzw. drei Wochenstunden Musikunterricht. Es besteht eine enge Verbindung zwischen allgemein bildender Schule und örtlicher Musikschule bzw. Konservatorium.

Schüler an bayerischen musischen Gymnasien erhalten durchgehend bis zur 11. Klasse zwei Wochenstunden Klassenunterricht und eine Wochenstunde obligatorischen Instrumentalgruppenunterricht.

Es ist an sich erfreulich, wenn Kinder im eigenen Musikmachen einen Lebensschwerpunkt gefunden haben. Tendieren Sie in Ihrer Entscheidung zum musischen Gymnasium, sollten Sie sich jedoch Folgendes vor Augen führen:

Bis dahin war das Musikmachen das Hobby Ihres Kindes. Nun wird es ernster. Das Hobby wird (fast) zu einem Beruf. Besondere Ansprüche, neue Verpflichtungen kommen hinzu. Was früher eine „Insel“ im Alltag war, auf die Ihr Kind sich zurückziehen konnte (vgl. S. 70 f.), wird nun zu einem permanenten Leistungsfach. Der Ausgleich zum Alltag bzw. Alltagsstress wird unter Umständen aufgegeben. Da auf der anderen Seite die Musik im Mittelpunkt steht, können sich Kinder nun musikalisch auf recht hohem Niveau entwickeln. Sie können in verschiedenen Ensembles und Orchestern Erfahrungen im Zusammenspiel sammeln, können sich musikalisch „austoben“. Zu bedenken ist wiederum auch, dass auf einem musisch orientierten Gymnasium die besondere musikalische Begabung Ihres Kindes keine Besonderheit mehr ist. Fiel Ihr Kind auf der bisherigen Schule durch seine musischen Fähigkeiten eventuell auf, kann es nun „nur noch“ zum Mittelfeld gehören.

„Jugend musiziert“ – soll das Kind auch mal zum Wettbewerb?

Die meisten Kinder und Jugendlichen erlernen ein Instrument, um selbst Musikstücke nachzuspielen oder gemeinsam mit anderen zu musizieren. Welche Erfahrungen jeder individuell beim eigenen Musizieren machen kann, hatte ich zu Beginn bereits angesprochen. Auch wenn die Ziele individuell verschieden sind, möchten manche Kinder ihr Können auch einmal an anderen messen, beispielsweise in einem Wettbewerb. Ob dieser Wunsch nun primär von Kindern oder Eltern ausgeht, soll an dieser Stelle zunächst nicht weiter interessieren. Entscheidend ist, dass es tatsächlich Kinder gibt, die sich gern einmal dem Wettbewerb stellen. Nach meinen Erfahrungen sind es meist eher die jüngeren.

Der bekanntste Wettbewerb in Deutschland ist der Wettbewerb „Jugend musiziert“. Er wird im Zweijahres-Turnus für alle Instrumente durchgeführt, und zwar zunächst auf Regional-, dann auf Landes- und Bundesebene. In den Regionalwettbewerben werden die Teilnehmenden der anschließenden Landeswettbewerbe ermittelt. Teilnehmen können Kinder ab 8 Jahren. Die Kinder können ihre Begabung und ihr Können einzeln und/oder im Zusammenspiel zeigen, und zwar anhand eines vorher einstudierten Programms. Musiklehrer sind bei Auswahl der Werke und der entsprechenden Vorbereitung zumeist behilflich. In allen Phasen des

Wettbewerbes werden Urkunden und Preise vergeben. Die Anmeldung zum Wettbewerb sollte in jedem Fall mit dem Lehrer besprochen werden; er/sie kann auch genaue Auskunft über die Teilnahmebedingungen geben. Das Vorspielprogramm kann frei gewählt werden, wobei lediglich verschiedene Stilepochen vorgegeben sind.

Die Rahmenbedingungen dieses Wettbewerbs sind sicher gut überlegt. Dennoch stellt sich die Frage, inwieweit man auch als Eltern diesen Schritt wagen und verantworten sollte. An sich ist die Anmeldung dazu in den meisten Fällen eine gute Entscheidung, denn die Kinder werden dadurch in hohem Maße zum Üben motiviert und kommen in ihren Fähigkeiten in der Regel gut voran. Die Motivation kann aber auch ins Gegenteil umschlagen, wenn die Erwartungen die Realität weit übertreffen und am Abend nach der ersten Ausscheidungsrunde die jeweiligen Punktzahlen verkündet werden. Da kommt es gelegentlich zu schlimmen Enttäuschungen mit Tränen, Vorwürfen, Resignation bis hin zum plötzlichen Abbruch des Instrumentalspiels und -unterrichts.

Natürlich ist es auch für Eltern spannend und schön zugleich, das eigene Kind bei einem Wettbewerbsvorspiel vor einer Jury spielen zu sehen und zu hören. Da kommt sicherlich ein gewisser Stolz auf. Die möglichen negativen Folgen sollten Sie jedoch mit einkalkulieren bzw. gut abwägen. Ganz gerecht kann es bei solchen Wettbewerben erfahrungsgemäß nicht zugehen. Dazu kommen zu viele Faktoren mit ins Spiel, die letztlich nicht jedem einzelnen Kind angemessen sind:

Die Kinder und Jugendlichen werden nach vorgefertigten Listen in Altersgruppen eingeteilt. Wie lange das Kind sein Instrument bereits spielt, wird dabei nicht berücksichtigt.

Es wird beim Wettbewerb auch nicht danach gefragt, wie lange das Kind bereits an den für den Wettbewerb vorbereiteten Werken geübt hat. Manche Kinder haben sich seit vielen Monaten nur mit dem ausgewählten Musikstück auseinander gesetzt. Vielleicht „sitzt" es dadurch technisch besser als beim Konkurrenten, der sich nur kurze Zeit intensiv musikalisch damit beschäftigt hat.

Ein Kind tritt mit einem sehr teuren, gut klingenden Instrument auf. Wie aber wird das Kind abschneiden, das nicht so betuchte Eltern hat?

Es zählt nur der kurze Augenblick des Vortrags vor der Jury. Kinder, die sich im stillen Kämmerlein musikalisch wunderschön artikulieren können, es aber nicht gewohnt sind, ihre Nerven auch im Scheinwerferlicht der Öffentlichkeit im Griff zu behalten, werden unter Umständen weniger Punkte erhalten, obwohl auch sie sehr musikalisch sind.

Prinzipiell gibt es gegen den Wettbewerb nichts einzuwenden. Mit der Entscheidung dafür übernehmen Sie jedoch eine große Verantwortung im Hinblick auf den weiteren musikalischen Weg Ihres Kindes.

Kontakte zur Musikhochschule knüpfen: Macht das Sinn?

Haben Kinder, vor allem Jugendliche, im fortgeschrittenen Stadium der musikalischen „Karriere" auf ihrem Instrument schon manchen Erfolg hinter sich (kleinere/größere Konzertauftritte beispielsweise in der Schule oder Musikschule, gewonnene Preise beim Wettbewerb „Jugend musiziert" usw.), kommt unter Umständen der Gedanke auf, aus dem Musikmachen in dem Sinne eine Berufung bzw. einen Beruf werden zu lassen. Auch diese Frage beinhaltet für Eltern wie für ihre Kinder schwierige Gewissensentscheidungen, vor allem dann, wenn das Kind in der Schule auch noch andere Stärken vorzuweisen hat. Dazu das Beispiel eines Jugendlichen, der ein hervorragendes Abitur gemacht hat:

„Ich befinde mich momentan in der glücklichen Lage, dass ich recht genau weiß, dass ich Musik machen will, weil sie mich begeistert und weil ich mir meine Zukunft nicht mehr ohne Musik vorstellen kann. Es kommen natürlich immer wieder Zweifel, wenn Leute sagen: ‚Sei nicht so blöd, mit dem 1,0-Abitur studierst du besser Medizin!' Aber ich wäre sehr unzufrieden mit mir, wenn ich von der Musik abkommen würde. Wenn man eine künstlerische Begabung hat, ist es irgendwie auch eine Berufung, Musik zu machen, manchmal vielleicht sogar ein Fluch, dass man von sich so viel verlangt. Aber ich würde es mir übel nehmen, wenn ich mich durch Geld verlocken ließe, was machen würde, was eigentlich nicht in meinem Interesse liegt. Wenn ich Musik zu meinem Beruf mache, weiß ich, dass ich in meinem Beruf aufgehen kann. Für mich zählt nur ein kreativer Beruf. Mein Problem ist, dass ich nicht genau weiß, was für ein Musiker ich werden will, ob Kirchenmusiker, das allein wär' mir zu wenig, ob Dirigent, ob Kapellmeister oder auch Rockmusiker. Ich habe Angst, in nur einem der Berufe zu

einseitig zu werden. Ich möchte mich nicht auf eine Stilrichtung so für immer festlegen, ich möchte auch Rock und Jazz machen können." (21 Jahre, Bastian 1990, 219f.)

Im Vordergrund steht bei diesem Musiker zunächst die empfundene Berufung für einen künstlerischen Beruf. Typisch für viele Studierende, die an einer Musikhochschule das Studium aufnehmen, ist allerdings, dass sie sich über die tatsächlichen beruflichen Möglichkeiten gar nicht genau im Klaren sind. Viele, die ein Orchesterinstrument spielen, meinen, später in einem gehobenen Orchester unterzukommen oder sogar eine Solistenkarriere aufnehmen zu können. Über die tatsächlichen - nicht ganz einfachen - beruflichen Perspektiven sollte sich jeder also genau im Klaren sein, möglichst ein realistisches Bild machen.

Falls dennoch die Entscheidung für ein Musikstudium gefallen ist: Wie geht man hier vor? Um an einer Musikhochschule ein Studium aufnehmen zu können, muss zunächst einmal eine Aufnahmeprüfung bestanden werden: im Hauptfach, zusätzlich meist im Klavierspiel und in Theorie. Pro Semester bewerben sich mehrere hundert junge Musiker um wenige Studienplätze. Ein Tipp zum weiteren Vorgehen: Nehmen Sie zunächst einmal Kontakt zu einem Professor einer Musikhochschule auf, lassen Sie Ihr Kind etwas vorspielen - aber noch nicht im Rahmen einer Aufnahmeprüfung. Meist weiß man schon danach recht genau, woran man ist und inwieweit Chancen bestehen, die Aufnahmeprüfung zu bestehen. Für musikalisch hoch begabte Jugendliche, die bereits während ihrer Schulzeit Unterricht an einer Musikhochschule erhalten möchten, gibt es an vielen Hochschulen die Möglichkeit, als Jungstudent eingeschrieben zu werden. Voraussetzung ist hier ebenfalls eine Aufnahmeprüfung.

Literatur

I. Musikliteratur für Kinder zum Lesen oder Vorlesen:

Bernstein, Leonard: Konzert für junge Leute: Die Welt der Musik in 15 Kapiteln, München 1999 (auch als CD erhältlich) [geeignet für Jugendliche]

Bromm, Michael / Haehnel, Gerd: Ohrenöffner für Kinder. 20 Musikbeispiele aus 1000 Jahren Musikgeschichte (mit CD), Stuttgart 2000 [spätes Grundschulalter, Jugendliche]

Ekker, Ernst A. / Eisenburger, Doris: Johann Sebastian Bach. Ein musikalisches Bilderbuch, München 1999 [spätes Grundschulalter, Jugendliche]

Hamann, Brigitte: Nichts als Musik im Kopf. Das Leben von Wolfgang Amadeus Mozart, Wien 1990 [vor allem für Jugendliche empfohlen]

Heumann, Monika/Heumann, Hans-Günther: Musiklexikon für Kinder. Die Welt der Musik entdecken, Mainz 2000 [Grundschulalter]

Hilbert, Jörg: Ritter Rost. Musical für Kinder, München 1999 (mit CD) [Vorschul- u. Grundschulalter]

Hoyer, Andrea: Flöte, Geige und Giraffe. Im Musikinstrumentenmuseum. Ein Bilderbuch, Mainz 2002 [Grundschulalter]

Hoyer, Andrea: Im Konzert, Mainz 2000 [Grundschulalter]

Hoyer, Andrea: In der Oper, Mainz 1998 [Grundschulalter]

Hoyer, Andrea: In der Musikschule 1998 [Vorschul- u. Grundschulalter]

Kreusch-Jacob, Dorothee: Das Musikbuch für Kinder, Mainz 2001 [Vorschul- u. Grundschulalter]

Kuskin, Karla: Das Orchester zieht sich an. Ein Bilderbuch, München 2002 [ab Vorschulalter]

Pahlen, Kurt: Erklär mir die Musik. Eine Entdeckungsreise ins Wunderland der Musik, München 2001 [Grundschulalter]

Quaas, Beate: Alles wird Musik. Eine spielerische Entdeckungsreise für Kinder (mit CD) Hamburg 2003 [Grundschulalter]

Rettich, Margret / Rettich, Rolf: Ein Haus voll Musik, Mainz 2001 [ab Vorschulalter]

Rühle, Ulrich: „... ganz verrückt nach Musik'. Die Jugend großer Komponisten, Frankfurt/M. 1995 [für Kinder im Grundschulalter u. Jugendliche empfohlen]

Simsa, Marco / Eisenberger, Doris / Saint-Saëns, Camille: Der Karneval der Tiere, Wien 2002 [Vorschul- u. Grundschulalter]

Simsa, Marco / Oppenoorth, Winfried: Tina und das Orchester. Mein erstes Buch über die Musikinstrumente (mit CD), Wien 1999 [für das Grundschulalter empfohlen]

Volkerts, Elisabeth / Gollnik, Martina: Meine Reisen mit Familie Mozart. Ein Klavier erzählt, Mainz 1999 [Grundschulalter u. Jugendliche]

Wenzel-Bürger, Eva: Conni macht Musik. Eine Geschichte von Liane Schneider mit Bildern, Hamburg 2000 [Vorschulalter]

Tschaikowsky, Peter Iljitsch: Dornröschen. Ein Bilderbuch mit Musik, Kassel 1999 [ab Vorschulalter]

Zuckowski, Rolf/Ginsberg, Julia: Kinder brauchen Träume. 12 bunte Kindergeschichten, Polydor 2002 (mit CD) [ab Vorschulalter]

II. Instrumentalpädagogische und -psychologische Fachliteratur:

Baacke, Dieter: Die 0- bis 5jährigen. Einführung in die Probleme der frühen Kindheit, Weinheim/Basel, 2. Aufl. 1999

Baacke, Dieter: Die 6- bis 12jährigen. Einführung in die Probleme des Kindesalters, Weinheim/Basel 1998

Bastian, Hans Günther: Jugend am Instrument. Eine Repräsentativstudie, Mainz/London u.a. 1990

Bastian, Hans Günther (Hrsg.): Musik be-greifen. Künstlerische Ausbildung und Identitätsfindung, Mainz/London 1999

Bastian, Hans Günther: Musik(erziehung) und ihre Wirkung. Eine Langzeitstudie an Berliner Grundschulen, Mainz/London u.a. 2000

Cube, Felix von: Fordern statt verwöhnen. Die Erkenntnisse der Verhaltensbiologie in Erziehung und Führung, München/Zürich 1988. (Das Buch liegt inzwischen in der 13. Auflage vor, die 2001 erschienen ist.)

Csikszentmihalyi, Mihaly: Das Flow-Erlebnis. Jenseits von Angst und Langeweile: im Tun aufgehen, Stuttgart 1985

Gardner, Howard: Kreative Intelligenz. Was wir mit Mozart, Freud, Woolf und Gandhi gemeinsam haben. Frankfurt/New York 1996

Gembris, Heiner: Grundlagen musikalischer Begabung und Entwicklung, Augsburg 1998

Gruhn, Wilfried: Der Musikverstand. Neurobiologische Grundlagen des musikalischen Denkens, Hörens und Lernens, Hildesheim/Zürich 1998

Hassler, Marianne: Musikalische Begabung in der Pubertät. Biologische und psychologische Einflüsse, Augsburg 1998

Helms, Siegmund u. a. (Hrsg.): Praxisfelder der Musikpädagogik, Kassel 2001

Klausmeier, Friedrich: Die Lust, sich musikalisch auszudrücken. Reinbek 1978

Klöppel, Renate: Die Kunst des Musizierens, Mainz 1993

Knoll, Reinhard u.a. (Hrsg.): Instrumentaler Gruppenunterricht an den Musikschulen des Landes Nordrhein-Westfalen, Essen 2000

Petrat, Nicolai: Psychologie des Instrumentalunterrichts, Kassel, 2. Aufl. 2001

Ribke, Juliane / Dartsch, Michael (Hrsg.): Facetten Elementarer Musikpädagogik, Regensburg 2002

Richter, Christoph (Hrsg): Instrumental- und Vokalpädagogik 1: Grundlagen, Kassel/Basel/London 1993

Röbke, Peter: Vom Handwerk zur Kunst. Didaktische Grundlagen des Instrumentalunterrichts, Mainz 2000

Stierlin, Helm: Delegation und Familie, Frankfurt/M. 1978

Tomatis, Alfred: Klangwelt Mutterleib. Die Anfänge der Kommunikation zwischen Mutter und Kind, München, 2. Aufl. 1996

Verband deutscher Musikschulen: Neue Wege in der Musikschularbeit, Bonn 1996

Verband deutscher Musikschulen: Empfehlungen zur Gestaltung des Früh-Instrumentalunterrichts, Bonn 2000

Wehemeyer, Grete: Carl Czerny und die Einzelhaft, Kassel/Basel/London 1983

Adressen und Websites für weitere Informationen

Deutsches Musikinformationszentrum:
Weberstr. 59
D-53113 Bonn
Tel. 0228/2091-180
Fax 0228/2091-280
Hier finden Sie ausgewählte Informationsangebote zu allen aktuellen Themenbereichen der Musik sowie u. a. eine Liste allgemein bildender Schulen mit Schwerpunkt Musik.
www.miz.org

Jeunesses Musicales Deutschland:
Marktplatz 12
D-97990 Weikersheim
Tel. 07934/9936-0
Fax 07934/9936-40
Hier finden Sie ein Informations- und Diskussionsforum über musikalische Themen, Veranstaltungen für Kinder, Musikkurse etc.
www.konzerte-fuer-kinder.de

Wettbewerb *Jugend musiziert:*
Deutscher Musikrat
Weberstr. 59
D-53113 Bonn
Tel. 0228/2091-0
Fax 0228/2091-200
Informationen zum Wettbewerb, Ausschreibungen, Ergebnisse vergangener Wettbewerbe.
www.deutscher-musikrat.de/jumu.htm

Verband deutscher Musikschulen e. V. (VdM):
Literaturhinweise rund um die Musikschule, aktuelle Fragen zum heutigen Instrumentalunterricht, Auskunft u. a. über die Musikschule in Ihrer Nähe etc.
Plittersdorfer Straße 93
D-53173 Bonn
Tel.: 0228/957060
www.musikschulen.de

Verband Musikschulen Schweiz (VMS):
Informationen zum Instrumentalunterricht allgemein und zur Musikschule in Ihrer Nähe
Eichweg 1
Postfach 49
CH-4410 Liestal
Tel.: 06190/69900
www.verband-musikschulen.ch

Verzeichnis über (Landes-)Musikschulen in Österreich:
www.orpheus.at
In Vorbereitung: www.musikschulen-online.com

Spaß am Lernen

Angelika Kubanek/Peter Edelenbos
Fremdsprachen lernen mit Spaß
Wie Eltern ihre Kinder fördern können
Band 5177
Der spielerische Umgang, das „Entdecken" einer Fremdsprache garantieren Freude und Erfolg. Mit vielen praktischen Tipps.

Maria Leistner
Was Kinder klug macht
Band 5356
Motivierte Kinder lernen besser. Deshalb ist es wichtig zu wissen, in welchem Alter sie etwas besonders gut lernen. Tipps und spielerische Hinweise.

Gisela Lück
Leichte Experimente für Eltern und Kinder
Band 4811
Eltern und Kinder finden vom Staunen zum Begreifen der Umwelt: problemlos, ganz ungefährlich und mit viel Spaß.

Maria Montessori
Wie Lernen Freude macht
Kreativ mit Montessori-Materialien umgehen
Hg. von Ingeborg Becker-Textor
Band 4707
Praktische Tipps, die Kindern die Freude am Lernen spielerisch vermitteln.

Marleen Noack
Schulerfolg leicht gemacht
Wie mein Kind das Lernen lernt
Band 4723
Die richtige Lernweise, eine gute Motivation und sinnvolle Tagesplanung geben dem Schulstress keine Chance mehr.